叶圣陶青少年文库

随笔例话卷

假如我有一个弟弟

叶圣陶◎著

时代出版传媒股份有限公司
安徽少年儿童出版社

图书在版编目（CIP）数据

假如我有一个弟弟 / 叶圣陶著. — 合肥：安徽少年儿童出版社, 2015.5（2018.10重印）
（叶圣陶青少年文库）
ISBN 978-7-5397-7890-7

Ⅰ. ①假… Ⅱ. ①叶… Ⅲ. ①叶圣陶（1894～1988）－教育思想②叶圣陶（1894～1988）－文学创作方法Ⅳ. ①G40-092.7②I04

中国版本图书馆CIP数据核字（2015）第061199号

YE SHENGTAO QINGSHAONIAN WENKU JIARU WO YOU YIGE DIDI

叶圣陶青少年文库·假如我有一个弟弟 叶圣陶 著

出 版 人：张克文 总 策 划：上海采芹人文化 策划统筹：王慧敏 宣晓凤
责任编辑：阮 征 插画绘制：国王插画
特约编辑：苏立娜 张 燕 责任印制：田 航
出版发行：时代出版传媒股份有限公司 http://www.press-mart.com
安徽少年儿童出版社 E-mail：ahse1984@163.com
新浪官方微博：http://weibo.com/ahsecbs
腾讯官方微博：http://t.qq.com/anhuishaonianer （QQ：2202426653）
（安徽省合肥市翡翠路 1118 号出版传媒广场 邮政编码：230071）
市场营销部电话：（0551）63533532（办公室） 63533524（传真）
（如发现印装质量问题，影响阅读，请与本社市场营销部联系调换）
印 制：安徽国文彩印有限公司
开 本：700mm × 1000mm 1/16 印张：11.25 字数：100千字
版 次：2015 年 5月第 1 版 2018 年 10 月第 12 次印刷

ISBN 978-7-5397-7890-7 定价：15.00元

葉聖陶

叶圣陶（1894.10.28—1988.2.16），著名文学家、教育家、编辑家和社会活动家。原名叶绍钧，字秉臣，江苏苏州人。早年任小学教师，并参加新潮社和文学研究会。1923 年起从事编辑出版工作，曾任商务印书馆、开明书店编辑，主编过《文学周报》《小说月报》《中学生》等多种重要刊物。1949 年后，历任出版总署副署长兼编审局局长、教育部副部长兼人民教育出版社社长和总编辑、中央文史研究馆馆长等职。创作方面，20 世纪 20 年代陆续出版了《隔膜》《火灾》《线下》等短篇小说集以及长篇小说《倪焕之》，深刻地反映社会现实，呈现出朴实隽永的艺术格调。抗日战争爆发后，辗转到四川工作和生活，写作以散文和文艺评论为主。他的散文感情朴实，意趣隽永，代表作有《藕与莼菜》《牵牛花》《春联儿》等。叶圣陶还是中国现代童话创作的拓荒者。他的童话构思新颖独特，描写细腻逼真，富于现实内蕴。鲁迅先生说，叶圣陶的“《稻草人》是给中国的童话开了一条自己创作的路的”。此外，他还编辑过几十种中小学语文教科书，出版了不少诗集、评论集和论著。

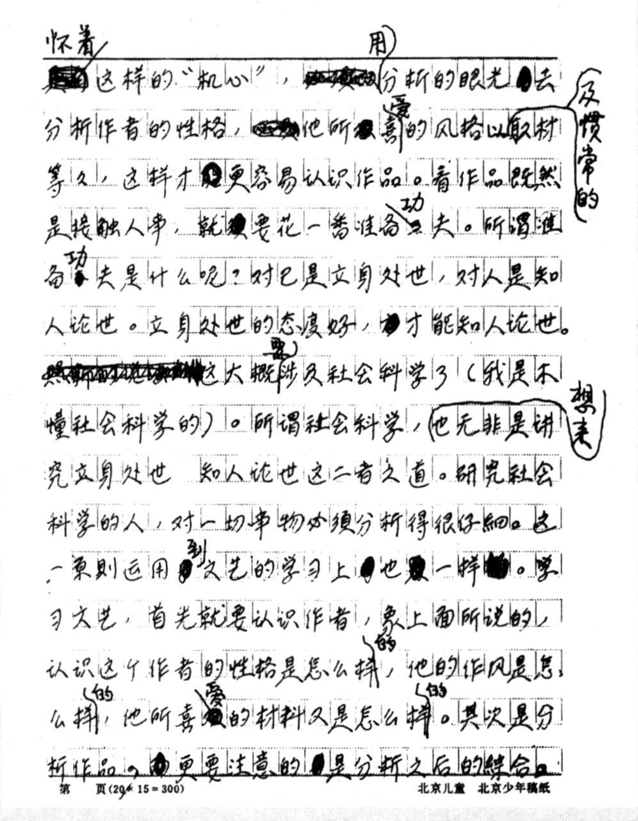

怀着这样的"机心"，用分析的眼光去分析作者的性格，他所喜爱的风格以及惯常的取材等々，这样才更容易认识作品。看作品既然是接触人事，就要花一番准备功夫。所谓准备功夫是什么呢？对己是立身处世，对人是知人论世。立身处世的态度好，才能知人论世。想来这大概要涉及社会科学了（我是不懂社会科学的）。所谓社会科学，也无非是研究立身处世 知人论世这二者之道。研究社会科学的人，对一切事物必须分析得很仔细。这一原则运用到文艺的学习上也一样。学习文艺，首先就要认识作者，象上面所说的，认识这个作者的性格是怎么样的，他的作风是怎么样的，他所喜爱的材料又是怎么样的。其次是分析作品，更要注意的是分析之后的综合。

第　页(20×15=300)　北京儿童　北京少年稿纸

1928年秋天，作者修改的旧作稿。

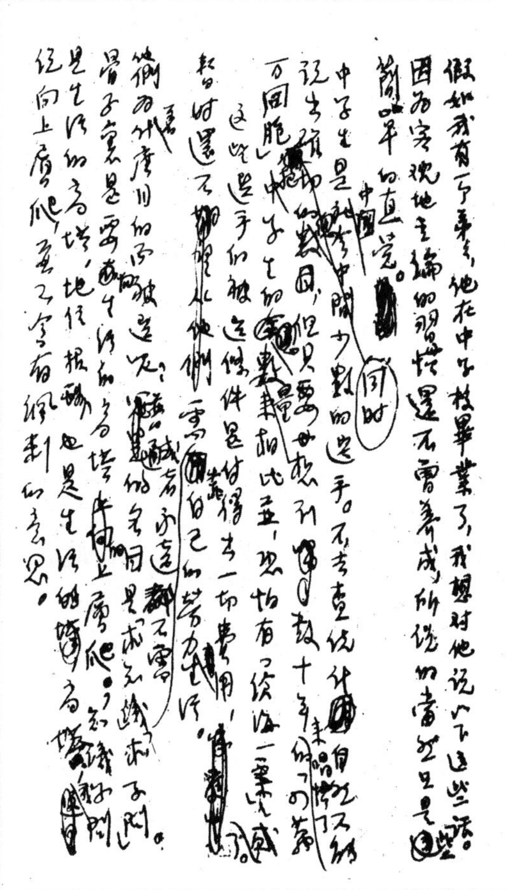

《假如我有一个弟弟》的草稿

出版声明

由于时代关系，本文库收录的作品，有些词语、计量单位、标点符号等与现在的用法不尽一致。为了保留作品的原汁原味，本文库对上述地方一般不做改动。同时，因本文库所面对的读者多为青少年，故对原文中部分与现代汉语规范严重不符进而影响阅读的地方做了细微的改动或加以注释，特此声明。

序　言

他一辈子都热爱孩子

叶小沫

（原《中国少年报》主编、叶圣陶孙女）

亲爱的小读者，在你们翻开“叶圣陶青少年文库”这套书的时候，我想和你们说说叶圣陶先生。你们也许会说：“我们知道，我们知道。我们学过他写的儿歌《小小的船》，我们学过他写的散文《荷花》，我们读过他写的童话《稻草人》……”是啊，是啊，不只是你们，回去问问你们的爸爸妈妈、爷爷奶奶，他们也都知道叶老先生呢。他们还会告诉你们，他们小的时候就学过他编的课本，看过他写的书，受到过他的教育。你们也许会问，这是真的吗？难道他比爷爷奶奶的岁数还要大？你们说得没错，如果叶老先生还活着，2014 年刚好一百二十岁了。说到这儿，你们是不是有点儿想知道，他究竟是个什么样的人呢？是不是有点儿想知道，为什么直到今天还会有那么多的人在读他的书呢？那就听我说说吧。

叶老先生是江苏苏州人。他小的时候，家里虽然比较穷，但他父亲还是坚持送他去读书。在上中学的时候，他和同学们就非常关心国家大事，盼望着孙中山先生领导的革命能够成功。辛亥革命的第二年，叶老先生中学毕业，那一年他十八岁。因为家境不好，他要工作，要挣钱养家。和当时许多年轻人一样，他很想为国家干一些大事情，但校长却介绍他去当小学教员，并告诉他，要使国家强盛起来，一定要从教育人才做起。经过几年的磨炼，他真正爱上了教师这份工作。

在当教师的同时，叶老先生开始在报纸和期刊上发表文章，其中有不少是文学作品，包括诗歌、童话、散文和小说。后来他当了编辑，编辑的书籍和刊物，大多仍然是给儿童和青少年看的。他通过书籍和刊物，引导和鼓舞一代又一代年轻人与反动势力做斗争，引导他们选择正确的人生道路。

新中国成立以后，叶老先生主要负责中学和小学教科书的编辑和出版工作。在那十几年里，每个孩子手中的课本，都是经过他和他的同事们认真编排的，为了这件事，他倾注了大量的心血。叶老先生一辈子都热爱和关心孩子，都热爱和关心教育事业，直到九十多岁了，还在为孩子们的事情操心，非常恳切地为教育改革提出他的意见。

2014年的十月二十八日，是叶圣陶先生诞辰一百二十周年纪念日。为了纪念这位中国的教育家和作家，为了向青少年朋友介绍他写的儿童文学作品，上海采芹人文化传播有限公司与安徽少年儿童出版社联合策划出版了这套“叶圣陶青少年文库”。他们从叶老先生的作品中，精心挑选了适合八至十五岁青少年阅读的童话、小说、散文、随笔和诗歌，编成了十本集子。童话有《玫瑰和金鱼》和《稻草人》两本，共收录童话三十七篇；小说有《小铜匠》《潘先生在难中》和《友谊》三本，共收录小说三十三篇；散文有《没有秋虫的地方》《我坐了木船》和《一个少年的笔记》三本，共收录散文七十九篇;《假如我有一个弟弟》收录随笔二十五篇;《蒲公英》收录诗歌六十三首。文库所包含的叶老先生的儿童文学作品，方面之全、内容之广以及篇目数量之多，都是这些年来出版的叶老先生的儿童文学作品中少有的，确实称得上是一个叶圣陶的青少年文库了。小读者可以根据自己的年龄、自己的爱好、自己的理解能力，从中选择适合自己阅读的作品来看。如果能静下心来慢慢地读，相信一定会有收获。

我还想告诉小读者，叶老先生当过教师，他了解孩子，知道孩子喜欢看些什么，好些作品写的就是孩子的事儿，所以你们在看他的书的时候，会感到很亲切。可是不能忘了，他的好多作品是在旧社会写的，那个时代离我们太远了，很多情景是你们怎么也想象不出、理解不了的。这时候就得请爸爸妈妈、爷爷奶奶和老师来帮忙了，他们或许可以帮助你们解读在阅读的时候所遇到的问题。

最后，让我们一起来感谢编辑大朋友们吧，感谢他们编了这样一套精美的“叶圣陶青少年文库”！

2014年6月30日

目　录

·梦的创作

·晴窗随笔

梦的创作

诗的泉源

当“诗人”这两个音给我听到、“诗人”这两个字给我看见的时候，我总感觉不大自然，或者说于耳于目不大顺适。这或者是由于我的偏见。我以为“诗人”指的是一种特异的人，并且有把这种特异的人与一般大众区别开来的意思。人家或者说：“我们发出这两个音，写出这两个字，本意就是这样。”但是我感到不自然，不顺适。

人家又常说“作诗”或是“写诗”，一样地足以立刻引起我的那种感觉。有些人刻刻在那里搜寻和期待，他们的经心比猎人猎取野兽的还要加胜，这也使我代他们感到彷徨不安。他们看这个“作”或“写”好像也是生活中不可或缺的一件事，正如吃饭和做工。在一定的时间内没有新的诗篇产出，就觉得异样地不安宁，正如饥饿和闲散无聊的时候所感受的。

我的意思浅薄而固执，我认为"诗人"这个名字和"农人""工人"不一样，不配成立而用来指一种特异的人。世间没有除了"作诗""写诗"以外就无所事事的，仅仅名为一个"诗人"的人。"作诗"或"写诗"也和"吃饭""做工"不同，不是生活中不可或缺的事，不做就有感到缺少了什么的想念。换一句说，这算不得一回事。

我并非看轻"诗人"，鄙薄到不愿意用这个名字来称呼谁；也不是厌恶"作诗"或"写诗"，说无论如何我们不该这么做。我只不愿意我们做一个被特异称呼的"诗人"，不愿意我们比猎人猎取野兽更经心地"作诗"或"写诗"。

诗是什么的问题，很惭愧不能明确地解答出来。但是也可以作护短的说辞，即解答出来了，于诗的世界又有什么益处？

还是回过来探索诗的泉源吧。假若没有所谓人类，没有人类这么生活着，就没有诗这种东西。这是一句幼稚可笑的话，聪明的人或者要冷笑着说："何止是诗？哪一件人事不是这个样子？"固然，一

切人事都是这个样子，都因为人类这么生活着所以才有。生活是一切的泉源，也就是诗的泉源。所以说到诗就要说到生活——并不为要达到作诗的目的才说到生活。我们生而为人，怎能不说到生活呢?

两个不同的形容词加到生活上去，表示出生活的相反的两端的，通用的是“空虚”和“充实”。判定生活的属于哪一端，由于各人的内观，而旁人为客观的观察，往往难得其真。我们常常欢喜代人家设想，说这个人的生活何等空虚，那个人的生活何等不充实。其实所谓这个人和那个人未必感到这等的缺憾，所以不一定同我们一样设想。现在欲避免这一层错误，只得就我们内观所得的来说。

听说佛宗有所谓“禅定”的一个法门，不声不见，不虑不思，用来注释空虚的生活或者是最适切的了。我们虽不讲什么定，却有时也入于相类的境界。不事工作，也不涉烦闷；不欣外物，也不动内情，一切只是淡漠和疏远，统可加上一个消极的“不”字。好的生活和坏的生活都是积极的，唯有这“一切不”的生活是异样地空虚。但是我们确有时过这一种生活，或者延绵下去，至于终身。

反过来说，另一种生活就是“不一切不”的。有工作则不绝地工作，倦于工作则深切地烦闷，强烈地颓废；对美善则热跃地欣赏赞美，对丑恶则悲悯地诅咒怜念；情感有所倾注，思虑有所系属；总之，一切都深浓和亲密。无论这是好的生活，足以欣喜恋慕的；或是坏的生活，足以悲伤厌弃的，但本身内观的当儿总觉得这生活的丰富和繁茂。明白地说，就是觉得里面包含着许多东西，好像一个饱满的袋子。这就是所谓充实的生活。

现在说到诗。空虚的生活是个干涸的泉源，也可说不成泉源，哪里会流出诗的泉来？因为它虽名为生活，而顺着它的消极的倾向，几乎退入于不生活了。唯有充实的生活是汩汩无尽的泉源。有了源，就有泉水了。所以充实的生活就是诗。这不只是写在纸面上的有字迹可见的诗啊。当然，写在纸面就是有字迹可见的诗。写出与不写出原没有什么紧要的关系，总之生活充实就是诗了。我尝这么妄想：一个耕田的农妇或是一个悲苦的矿工的生活比一个绅士先生的或者充实得多，因而诗的泉源也比较的丰富。我又想，这或者不是妄想吧。

我们将以“诗人”两字加到哪一类人的身上去呢？若说凡是生活充实的人便是诗人，似乎有点奇怪；或者专以称呼曾经写出些诗来的人，又觉得不妥。固然，有些人从充实的生活的泉源里疏引些泉水，写出些诗篇来。这不过是他们高兴这样做，有写作的冲动，别的人只是没有这种冲动罢了。只将“诗人”称呼他们，对于同他们一样地具有充实的生活的人又将怎样呢?

由高兴和冲动所引出的事似乎与生活中不可或缺的事有点区别。我们由于高兴而去游山，或者由于冲动而长啸一声，不能说游山和长啸就是不可或缺的事。我们若是具有充实的生活，可以不用经心，问什么要不要从哪里疏引些泉水出来。忽然高兴，忽然冲动，就写出些字迹，成为纸面的诗篇。一辈子不高兴，不冲动，就一辈子不写，但我们的诗篇依然存在。特地当它一回事，像猎人那样搜寻和期待，这算什么呢?

这是从高兴写、有写的冲动的一方面说。因为生活充实，除非不写，写出来没有不真实不恳切的，绝没有虚伪肤浅的弊病。丰盈澄澈的泉源自然流出清泉。所以描写工作，就表出厚实的力量；发抒烦闷，就成为切至的悲声；赞美则满含春意；诅咒则力显深痛；情感是深浓热烈的；思虑是周博正确的。这等的总称，便是“好诗”。好诗的成立不在乎写出的人被称为“诗人”，也不在乎写出的人有了这写出的努力，而在乎他有充实的生活的泉源啊。

生活空虚的人也可以写诗，但只是诗的形罢了。写了出来的好诗既然视而可见，诵而可听，自然凝固为一个形。形往往成为被摹拟的。西子含颦，尚且有人仿效呢。所以到我们眼睛里的诗有满篇感慨，实际却浑无属寄的，有连呼爱美，实际却未尝直觉的；情感呢，没有；思虑呢，没有；仅仅具有诗的形而已。汲无源的泉水，未免徒劳；效西子的含颦，益显丑陋。人若不是愚笨，总不愿意这样做吧。

1922 年 5 月 17 日作

第一口的蜜

欣赏力的必须养成，实已是不用说明的了。湖山的晨光与暮霭，舟子同樵夫未必都能够领略它们的佳趣。名家的绘画与乐曲，一般人或许只看见一簇不同的色彩，只听见一阵繁喧的音响。一定要有个机会，得将整个的心对着湖山绘画乐曲，等等，而且深入它们的底里，像蜂嘴的深入花心一样，于是第一口的蜜就尝到了。一次的尝到往往引起难舍的密恋，因而更益去寻觅，更益去吸取，譬诸蜂儿，好花遍野，蜜亦无穷，就永永以蜜为生了。

所以这个机会最重要。它若来时，随后的反复修炼渐进高深，实与水流云行一样是自然的事。最坏的是始终没有这个机会。譬如无根之草，又怎能加什么培养之功呢！任你怎样好的艺术陈列在面前，总仿佛隔着一幅无形的黑幕，只有彼此全不相干罢了。

可是这个机会并不是纯任因缘的，我们自己能够做得七八分儿的主；只要我们拿出整个的心来对着湖山，等等，同时我们就得到机会了。什么事情权柄在自己手里时，总不用忧虑。现在就文艺一端说，我们且不要斥责著作家的太不顾人家，且不要怨恨批评家的不给人引路；我们还是使用固有的权柄来养成自己的欣赏力吧。

如果我们存着玩戏的心来对一切的文艺，我们就劫夺了自己的幸福了。玩戏的心只是一种残余的如灰的微力，只能飘浮在空际，附着于表面，独不能深入一切的底里。更就实际生活去看，只有庄严地诚挚地做一件事情才做得好。假若是玩戏的态度，便不能够写好一张字，画好一幅画，踢好一场球，种好一簇花，甚至不能够讲好一个笑话。对于文艺，当然终于不会欣赏了。我们应以教士跪在祭台前面的虔意，情人伏在所欢怀里的热诚，来对所读的文艺。这时候不知有别的东西，只有我们的心与所读的文艺正通着电流。更进一步，我们不复知有心与文艺，只觉即心即文艺，浑和不分了。于是我们可以听到作者低细的叹息，可以感到作者微妙的愉悦：就是这听到这感到，我们便仿佛有了全世界。于是我们尝到第一口的蜜了。

如果我们存着求得的心来对一切的文艺，我们就杜绝了精美的体味了。求得的心总要连带着伸出一只无形的手来，仿佛说：给我一点儿什么。心在手上，便不能再在对象上；即使在对象上还留着一点儿，总不能整个的注在上边。如是，我们要求的是甲，而文艺并不给我们甲；我们要求的是乙，而文艺又并不给我们乙；我们只觉得文艺是个吝啬不过的东西，不得不与它疏远了。其实我们先不该向文艺求得什么东西。我们不要希望在它那里得到一点儿知识，学会一些智慧，我们又不一定要从它那里晓得什么伟大的事情，但也不一定要晓得什么微细的生活。我们应当绝无要求，读文艺就只是读文艺。这时候我们的心如明镜一般，而且比明镜还要澄澈，不仅仅照得见一片的表面。而我们固有的知识智慧感情经验与文艺里边的情事境界发生感应时，就使我们陶然如醉，恍然如悟，入于一种难以言说的快适的心态。于是我们尝到第一口的蜜了。

我们是读者，不要被玩戏的心、求得的心使着魔法，把我们第一口的蜜藏过了。

1923 年 8 月 14 日发表

开头和结尾

写一篇文章，预备给人家看，这和当众演说很相像，和信口漫谈却不同。当众演说，无论是发一番议论或者讲一个故事，总得认定中心，凡是和中心有关系的才容纳进去，没有关系的，即使是好意思、好想象、好描摹、好比喻，也得丢掉。一场演说必须是一件独立的东西。信口漫谈可就不同。几个人的漫谈，说话像藤蔓一样爬开来，一忽儿谈这个，一忽儿谈那个，全体没有中心，每段都不能独立。这种漫谈本来没有什么目的，话说过了也就完事了。若是抱有目的，要把自己的情意告诉人家，用口演说也好，用笔写文章也好，总得对准中心用功夫，总得说成或者写成一件独立的东西。不然，人家就会弄不清楚你在说什么写什么，因而你的目的就难达到。

中心认定了，一件独立的东西在意想中形成了，怎样开头怎样结尾原是很自然的事，不用费什么矫揉造作的功夫了。开头和结尾也是和中心有关系的材料，也是那独立的东西的一部分，并不是另外添加上去的。然而有许多人往往因为习惯不良或者少加思考，就在开头和结尾的地方出了毛病。在会场里，我们时常听见演说者这么说：“兄弟今天不曾预备，实在没有什么可以说的。”演说完了，又说：“兄弟这一番话只是随便说说的，实在没有什么意思，要请诸位原谅。”谁也明白，这些都是谦虚的话。可是，在说出来之前，演说者未免少了一点思考。你说不曾预备，没有什么可以说的，那么为什么要踏上演说台呢？随后说出来的，无论是三言两语或者长篇大论，又算不算“可以说的”呢？你说随便说说，没有什么意思，那么刚才的一本正经，是不是逢场作戏呢？自己都相信不过的话，却要说给人家听，又算是一种什么态度呢？如果这样询问，演说者一定会爽然自失，回答不出来。其实他受的习惯的累，他听见人家演说这么说，自己也就这么说，说成了习惯，不知道这样的头尾对于演说是并没有帮助反而有损害的。不要这种无谓的谦虚，删去这种有害的头尾，岂不干净而有效得多？还有，演说者每每说：“兄弟能在这里说几句话，十分荣幸。”这是通常的含有礼貌的开头，不能说有什么毛病。然而听众听到，总不免想："又是那老套来了。"听众这么一想，自然而然把注意力放松，于是演说者的演说效果就跟着打了折扣。什么事都如此，一回两回见得新鲜，成为老套就嫌乏味。所以老套以能够避免为妙。演说的开头要有礼貌，应该找一些新鲜而又适宜的话来说，原不必按照着公式，说什么"兄弟能在这里说几句话，十分荣幸"。

各种体裁的文章里头，书信的开头和结尾差不多是规定的。书信的构造通常分作三部分：除第二部分叙述事务，为书信的主要部分外，第一部分叫作"前文"，就是开头，内容是寻常的招呼和寒暄；第三部分叫作"后文"，就是结尾，内容也是招呼和寒暄。这样构造原本于人情，终于成为格式。从前的书信往往有前文后文非常繁复，竟至超过了叙述事务的主要部分的。近来流行简单的了，大概还保存着前文后文的痕迹。有一些书信完全略去前文后文，使人读了感到一种隽妙的趣味。不过这样的书信宜于寄给亲密的朋友。如果寄给尊长或者客气一点的朋友，还是依从格式，具备前文后文，才见得合乎礼仪。

记述文记述一件事物，必得先提出该事物，然后把各部分分项写下去。如果一开头就写各部分，人家就不明白你在说什么了。我曾经记述一位朋友赠我的一张华山风景片。开头说:“贺昌群先生游罢华山,寄给我一张十二寸的放大片。”又如魏学洢的《核舟记》,开头说:“明有奇巧人曰王叔远,能以径寸之木为宫室、器皿、人物,以至鸟兽、木石,罔不因势象形,各具情态。尝贻余核舟一,盖大苏泛赤壁云。”不先提出“寄给我一张十二寸的放大片”以及“尝贻余核舟一”,以下的文字事实上没法写的。各部分记述过了,自然要来个结尾。像《核舟记》统计了核舟所有人物器具的数目,接着说“而计其长,曾不盈寸。盖简桃核修狭者为之”。这已非常完整,把核舟的精巧表达得很明显的了。可是作者还要加上另外一个结尾,说:

> 魏子详瞩既毕,诧曰:嘻,技亦灵怪矣哉!《庄》《列》所载,称惊犹鬼神者良多,然谁有游削于不寸之质,而须麋了然者?假有人焉,举我言以复于我,亦必疑其诳。乃今亲睹之。由斯以观,棘刺之端,未必不可为母猴也。嘻,技亦灵怪矣哉!

这实在是画蛇添足的勾当。从前人往往喜欢这么做,以为有了这一发挥,虽然记述小东西,也可以即小见大。不知道这么一个结尾以后的结尾,无非说明那个桃核极小而雕刻极精，至可惊异罢了。而这是不必特别说明的，因为全篇的记述都在暗示着这层意思。作者偏要格外讨好，反而叫人起一种不统一的感觉。我那篇记述华山风景片的文字，没有写这种“结尾以后的结尾”，在写过了照片的各部分之后，结尾说：“这里叫作长空栈，是华山有名的险峻处所。”用点明来收场，不离乎全篇的中心。

叙述文叙述一件事情，事情的经过必然占着一段时间，依照时间的顺序来写，大致不会发生错误。这就是说，把事情的开端作为文章的开头，把事情的收梢作为文章的结尾。多数的叙述文都用这种方式，也不必举什么例子。又有为要叙明开端所写的事情的来历和原因，不得不回上去写以前时间所发生的事情。这样把时间倒错了来叙述，也是常见的。如丰子恺的《从孩子得到的启示》，开头写晚上和孩子随意谈话，问他最喜欢什么事，孩子回答说是逃难。在继续了一回问答之后，才悟出孩子所以喜欢逃难的缘故。如果就此为止，作者固然明白了，但是读者还没有明白。作者要使读者也明白孩子为什么喜欢逃难，就不得不用倒错的叙述方式，回上去写一个月以前的逃难情形了。在近代小说里，倒错叙述的例子很多，往往有开头写今天的事情，而接下去却写几天前几月前几年前的经过的。这不是故意弄什么花巧，大概由于今天这事情来得重要，占着主位，而从前的经过处于旁位，只供点明脉络之用的缘故。

说明文大体也有一定的方式。开头往往把所要说明的事物下一个诠释，立一个定义。例如说明“自由”，就先从“什么叫作自由”入手。这正同小学生作“房屋”的题目用“房

屋是用砖头木材建筑起来的”来开头一样。平凡固然平凡，然而是文章的常轨，不能说这有什么毛病。从下诠释、立定义开了头，接下去把诠释和定义里的语义和内容推阐明白，然后来一个结尾，这样就是一篇有条有理的说明文。蔡元培的《我的新生活观》可以说是适当的例子。那篇文章开头说：什么叫作旧生活？是枯燥的，是退化的。什么叫作新生活？是丰富的，是进步的。

这就是下诠释、立定义。接着说旧生活的人不做工又不求学，所以他们的生活是枯燥的、退化的，新生活的人既要做工又要求学，所以他们的生活是丰富的、进步的。结尾说如果一个人能够天天做工求学，就是新生活的人；一个团体里的人能够天天做工求学，就是新生活的团体；全世界的人能够天天做工求学，就是新生活的世界。这见得做工求学的可贵，新生活的不可不追求。而写作这一篇的本旨也就在这里表达出来了。

再讲到议论文。议论文虽有各种，总之是提出自己的一种主张。现在略去那些细节目不说，单说怎样把主张提出来，这大概只有两种开头方式。如果所论的题目是大家周知的，开头就把自己的主张提出来，这是一种方式。譬如今年长江、黄河流域都闹水灾，报纸上每天用很多的篇幅记载各处的灾况，这可以说是大家周知的了。在这时候要主张怎样救灾、怎样治水，尽不妨开头就提出来，更不用累累赘赘先叙述那灾况怎样地严重。如果所论的题目在一般人意想中还不很熟悉，那就先把它述说明白，让大家有一个考量的范围，不至于茫然无知，全不接头，然后把自己的主张提出来，使大家心悦诚服地接受，这是又一种方式。胡适的《不朽》是这种方式的适当的例子。“不朽”含有怎样的意义，一般人未必十分了然，所以那篇文章的开头说：

> 不朽有种种说法，但是总括看来，只有两种说法是真有区别的。一种是把“不朽”解作灵魂不灭的意思，一种就是《春秋左传》上说的“三不朽”。

这就是指明从来对于不朽的认识。以下分头揭出这两种不朽论的缺点，认为对于一般的人生行为上没有什么重大的影响。到这里，读者一定盼望知道不朽论应该怎样才算得完善。于是作者提出他的主张所谓“社会的不朽论”来。在列举了一些例证，又和以前的不朽论比较了一番之后，他用下面的一段文字作结尾：

> 我这个现在的“小我”，对于那永远不朽的“大我”的无穷过去，须负重大的责任；对于那永远不朽的“大我”的无穷未来，也须负重大的责任。我须要时时想着，我应该如何努力利用现在的“小我”，方才可以不辜负了那“大我”的无穷过去，方才可以不贻害那“大我”的无穷未来？

这是作者的“社会的不朽论”的扼要说明，放在末了，有引人注意、促人深省的效果。所以，就构造说，这实在是一篇完整的议论文。

普通文的开头和结尾大略说过了，再来说感想文、描写文、抒情文、纪游文以及小说等所谓文学的文章。这类文章的开头，大别有冒头法和破题法两种。冒头法是不就触到本题，开头先来一个发端的方式。如茅盾的《都市文学》，把“中国第一大都市，‘东方的巴黎’——上海，一天比一天‘发展’了”作为冒头，然后叙述上海的现况，渐渐引到都市文学上去。破题法开头不用什么发端，马上就触到本题。如朱自清的《背影》，开头说“我与父亲不相见已二年余了，我最不能忘记的是他的背影”，就是一个适当的例子。

曾经有人说过，一篇文章的开头极难，好比画家对着一幅白纸，总得费许多的踌躇，去考量应该在什么地方下第一笔。这个话其实也不尽然。有修养的画家并不是画了第一笔再斟酌第二笔的，在一笔也不曾下之前，对着白纸已经考量停当，心目中早就有了全幅的布置了。布置既定，什么地方该下第一笔原是摆好在那里的事。作文也是一样。作者在一个字也不曾写之前，整篇文章已经活现在胸中了。这时候，该用什么方法开头，开头该用怎样的话，也都派定注就，再不必特地用什么搜寻的功夫。不过这是指有修养的人而言。如果是不能预先统筹全局的人，开头的确是一件难事。而且，岂止开头而已，他一句句一段段写下去将无处不难。他简直是盲人骑瞎马，哪里会知道一路前去撞着些什么。

文章的开头犹如一幕戏剧刚开幕的一刹那的情景，选择得适当，足以奠定全幕的情调，笼罩全幕的空气，使人家立刻把纷乱的杂念放下，专心一致看那下文的发展。如鲁迅的《秋夜》，描写秋夜对景的一些奇幻峭拔的心情，用如下的文句来开头：

> 在我的后园，可以看见墙外有两株树。一株是枣树，还有一株也是枣树。

“还有一株也是枣树”是并不寻常的说法，拗强而特异，足以引起人家的注意，而以下文章的情调差不多都和这一句一致。又如茅盾的《雾》用“雾遮没了正对着后窗的一带山峰”来开头，全篇的空气就给这一句凝聚起来了。以上两例都属于显出力量的一类。另有一种开头，淡淡着笔并不觉得有什么力量，可是同样可以传出全篇的情调，范围全篇的空气。如龚自珍的《记王隐君》，开头说：

> 于外王父段先生废簏中，见一诗，不能忘。于西湖僧经箱中，见书《心经》，蠹且半，如遇簏中诗也，益不能忘。

这个开头只觉得轻松随便，然而平淡而有韵味，一来可以暗示下文所记王隐君的生活，二来先行提出书法，可以作为下文访知王隐君的关键，仔细吟味，真有说不尽的妙趣。

现在再来说结尾。在略知文章甘苦的人一定有这么一种经验：找到适当的结尾好像行路的人遇到了一处适合的休息场所，在这里他可以安心歇脚，舒舒服服地停止他的进程。若是找不到适当的结尾而勉强作结，就像行路的人歇脚在日晒风吹的路旁，总觉得不是个妥当的地方。至于这所谓“找”，当然要在计划全篇的时候做，结尾和开头和中部都得在动笔之前有了成竹。如果待临时再找，也不免有盲人骑瞎马的危险。

结尾是文章完了的地方，但结尾最忌的却是真个完了。要文字虽完了而意义还没有尽，使读者好像嚼橄榄，已经咽了下去而嘴里还有余味；又好像听音乐，已经到了末拍而耳朵里还有余音，那才是好的结尾。归有光的《项脊轩志》的跋尾既已叙述了他的妻子与项脊轩的因缘，又说了修葺该轩的事，末了说：

庭有枇杷树，吾妻死之年所手植也，今已亭亭如盖矣。

这个结尾很好。骤然看去，也只是记叙庭中的那株枇杷树罢了，但是仔细吟味起来，这里头有物在人亡的感慨，有死者渺远的惆怅。虽则不过一句话，可是含蓄的意义很多，所谓“余味”“余音”就指这样的情形而言。我曾经作一篇题名《遗腹子》的小说，叙述一对夫妇只生女孩不生男孩，在绝望而纳妾之后，大太太居然生了一个男孩。但不久那个男孩就病死了，于是丈夫伤心得很，一晚上喝醉了酒，跌在河里淹死了。大太太发了神经病，只说自己肚皮里又怀了孕，然而遗腹子总是不见产生。到这里，故事已经完毕，结句说：

这时候，颇有些人来为大小姐、二小姐说亲了。

这句话有点冷峻，见得后一代又将踏上前一代的道路，生男育女，盼男嫌女，重演那一套把戏，这样传递下去，正不知何年何代才休歇呢。我又有一篇小说叫作《风潮》，叙述中学学生因为对一个教师的反感，做了点儿越规行动，就有一个学生被除了名；大家的义愤和好奇心就此不可遏制，捣毁校具，联名退学，个个人都自视为英雄。到这里，我的结尾是：

路上遇见相识的人，问他们做什么时，他们用夸耀的声气回答道："我们起风潮了！"

这样结尾把全篇停止在最热闹的情态上，很有点儿力量，"我们起风潮了"这句话如闻其声，这里头含蓄着一群学生在极度兴奋时种种的心情。以上是我所写的比较满意的两篇小说的结尾，现在附带提起，作为带有"余味""余音"的例子。

结尾有回顾开头的一式，往往使读者起一种快感，好像登山涉水之后，重又回到原来的出发点，坐定下来，得以转过头去温习一番刚才经历的山水一般。极端的例子是开头用的什么话结尾也用同样的话。如林嗣环的《口技》，开头说：

> 京中有善口技者。会宾客大宴，于厅事之东北隅，施八尺屏障，口技人坐屏障中，一桌、一椅、一扇、一抚尺而已。

结尾说：

> 忽然抚尺一下，群响毕绝。撤屏视之，一人、一桌、一椅、一扇、一抚尺而已。

前后同用“一桌、一椅、一扇、一抚尺而已”，把设备的简单冷落反衬表演口技的繁杂热闹，使人读罢了还得凝神去想。如果只写到“忽然抚尺一下，群响毕绝”，虽没有什么不通，然而总觉得这样还不是了局呢。

1935年11月1日发表

写作漫谈

预备写作的青年常常欢喜打听人家的写作经验。“你写作的动机是什么？你所要表达的中心意旨是什么？你怎样采集你的材料？你怎样处理你的材料？你在文章的技术上怎样用功夫？”

一些作家为着回答这种恳切的请教，就根据自己的经验，写成或长或短或详或略的文章。另外一些作家并不曾被请教，可是回想自己在写作上所尝到的甘苦，觉得很有可以谈谈的，也就写下写作经验之类的文章。

这样的文章，对于了解作品和作家，很有点用处。我们所接触到的是作品，作品是从作家的心情的泉源里流出来的，所以了解作家越多，了解作品越深。写作经验之类把作家从心情活动起直到写成固定形式（作品）为止的一段过程告诉我们，自然可以使我们得到更多更深的了解。

但是，看了这种文章，对于着手写作未必有多大的帮助：第一，许多作家说来的经验很不一致，依从了谁说的好呢？第二，即使在很不一致的说法中间“择善而从”，可是“从”还只是呆板的效学，能不能渐渐熟练起来，把人家的经验化作自己的经验，也是问题。第三，经验是实践的结果，人家实践了，得到独有的经验，我们来实践，也可以得到独有的经验。与其被动地接受人家的经验，不如自动地从实践中收得经验。接受得来的经验也许会“食而不化”，从实践中收得的经验却没有不能供自己受用的。

我不是说写作经验之类绝对看不得。我只是说对于这种东西，希望不要太深切，一味想依靠这种东西，尤其不行。古往今来成功的作家中间，哪几个是看了写作经验之类而成功的，似乎很难指说出来。

预备写作的青年又常常欢喜懂得一点文章的理法。剪裁和布局有什么关系？叙述和描写有什么不同？同样一句话语有几个说法，哪一个说法效果最大？同样一个情境有几个写法，哪一个写法力量最强？诸

如此类的问题都是他们所关心的。

关心这些问题绝不是坏事情，所以解答这些问题也绝不是无聊的勾当。关于这方面，现在已经有了许多的文篇和书本，甚至连文艺描写辞典之类也编出来了。

这种文篇和书本，对于训练阅读的能力，很有点用处。所谓阅读，除了随便看看的以外，原来应该咀嚼作品的内容，领会作品的技术。现在有了这些东西，把许多作品的技术归纳起来，作为我们的参考，自然可以使我们触类旁通，左右逢源，增进阅读的能力。

但是，在着手写作的时候，最好把这些东西忘掉。写作的时候应该信奉“文无定法”这句老话，同时自己来规定当前这篇作品所需要的理法。一个作家在斟酌一篇作品的布局，推敲一段文章的辞句，他决不这样想：“依照文章作法应该怎样？”他只是这样想：“要把当前这篇作品写得最妥帖应该怎样？”一边写东西，一边顾虑着文章作法中所说的各种项目，务必和它合拍：这不是写东西，简直是填表格了。填表格似的写成功的作品很难像个样儿，是可想而知的。何况你要这样做，必然感到缚手缚脚，大半连不大像个样儿的作品也难以写成功。

所以，对于文章作法之类和对于写作经验之类一样，希望太深切必然失望，一味想依靠结果是靠不住。

预备写作，大概要训练一副明澈的眼光。种种的事物在我们周围排列着、发生着，对它们怎样看法，要眼光，怎样把它们支配运用，要眼光。说得学术气一点，眼光就是所谓人生观和世界观。一个人尽可以不理会人生观和世界观那些名词，但是决不能没有一副应付事物的眼光，如果没有，他就生活不下去。眼光又须求其明澈。假定看法是错误的，支配运用是失当的，这就由于眼光不明澈的缘故，这样的生活就是糊涂无聊的生活。根据这个着手写作，写成的就是糊涂无聊的作品，从认真的严肃的态度着想，这种作品很可以不用写。

进一步说，训练一副明澈的眼光是人人应该做的事情，一个工人、一个农夫、一个政府委员、一个商店伙计，如果不愿意过糊涂无聊的生活，都得随时在这上边努力。现在说预备写作需要训练眼光，好像这只是作家应该做的事情，实在有点儿本末倒置，认识欠广，这种指摘是应该接受的。我们不妨修正地说：一个作家本来应该训练一副明澈的眼光，因为他是一个人，必须好好地生活，同时为着写作，尤其应该训练一副明澈的眼光，因为唯有这样，写成功的东西才不至于糊涂无聊。

试看一些对于不好的作品的批评，如含义空虚，认识错误，取材不精当，描写不真切，这种种毛病，推求到根源，无非作者眼光上的缺点。眼光没有训练好，写作时候不会忽然变好。平时把眼光训练好，写作时候还是这一副眼光，当然错不到哪里去。而训练眼光是整个生活里的事情，不是写作时候的事情，更不是看看人家的写作经验之类所能了事的事情。

预备写作，又要训练一副熟练的手腕。什么事情都一样，要求熟练，唯有常常去做，规规矩矩去做。要把写作的手腕训练到熟练，必须常常去写，规规矩矩去写。练习绘画先画木炭画，练习雕像先雕一手一足，称为基本练习，基本弄好了，推广开去才有把握。写作也应该来一下基本练习。写信、写日记、写随笔，此外凡遇见可以写作的材料都不放过，随时把它写下来，这些都是基本练习。“出门不认货”的态度是要不得的，必须尽可能的力量，制造一件货色让它像一件货色。莫说全段、全篇都得斟酌，就是一句句子、一个字眼，也要经过推敲。写成功的虽然不一定是杰作，可是写作时候要像大作家制作他的杰作那样认真。这种习惯养成了是终身受用的，这样训练过来的手腕才是最能干、最坚强的手腕。

练习和成功，实际上是划不清界限的。某年某月以前是练习的时期，某年某月以后是成功的时期，在任何作家的生活史里都难这样地指说。不断地写作就是不断地练习，其间写作得到了家的一篇或是几篇就是成功的作品。所以在写作的当儿，成功与否尽可以不问，所要问的是，是否尽了可能的力量，是否运用了最能干、最坚强的手腕。

总之，写作是“行”的事情，不是“知”的事情。要动脚，才会走；要举手，才会取；要执笔，才会写作；看看文章作法之类只是“知”的事情，虽然不一定有什么害处，但是无益于写作的“行”是显然的。

1937 年发表

爱好和修养

现在多数青年爱好文艺。巴金先生的几部长篇小说，卖价很贵了，但是大家抢着买，把书店的存货买完了才歇。一些文艺杂志，大部分的主顾是青年；在路上，穿着童军服的初中学生和穿着灰色学生服的高中学生，他们手里往往拿着一两本新到的文艺杂志。听青年们谈话，常常自认为文艺的爱好者；他们要出刊物，办壁报，把自己试作的文艺（包括小说、诗歌、小品、随笔之类）发表出来，给别人阅读。

这种现象是可喜的，因为青年们认定了一件值得爱好的东西，就是文艺，这东西将使他们忠于生活，把心思深入现实和理想的精奥之处，而不仅做一个随波逐流人云亦云的人。但是，我想，单是自认爱好是不够的；既说爱好，必须真个爱好。对于无论什么事物，要能真个爱好，都得逐步逐步地修养；修养越有进境，爱好越见真切。若不在修养方面注意，你自己虽然爱好，虽以为这爱好发于本心，其实只是盲目的，被动的。人家如果问你：“你为什么爱好文艺？”“文艺能够引起你的爱好，为的什么？”你便将回答不出来。

爱好品茶的人，运用他的味觉，辨别各种茶叶的味道。既而知道某种茶叶是恶浊的，他所不取；某种茶叶的味道是清美的，他最为心爱。真个爱茶的人对于茶的欣赏，可以写成一部书呢。而他当初运用味道来辨别，便是他的修养功夫。爱好书画的人，运用他的视觉和心灵，鉴别各种书画的美和丑；到鉴别得广博且精熟的时候，他不但知其然，并且知其所以然，就是不但知道这是美，那是丑，并且知道这为什么美，那为什么丑。对于那些美的，他自然真切地爱好，每玩赏一回便是一回无上的享受。如果他自己动笔，心手相应，即使不能变成传世的名品，也决不至于恶俗不堪。这样才是真个爱好书画，而他当初运用视觉和心灵来鉴别，便是他的修养功夫。假如不经过修养功夫，只是羡慕品茶，以为雅事；虽把“碧螺春”“铁观音”罗列满前，你还是个并非真个爱好品茶的俗客。爱好书画的也一样。你若以为不懂书画不体面，必须挂在口头谈谈，提起笔来挥几笔，才算雅人深致，而实际上又不求真个懂得，虽已看遍了宋元真迹，名家杰作，或者竟能够书写各体书法，绘画山水人物，你还是个并非真个爱好书画的门外汉。

青年们既然自认爱好文艺，必须在修养方面下功夫。就阅读说，不该因为这写在纸上的名叫“文艺”才去读它；如果这样，便是顾空名而忘实际，应该想，我为要深入各种的生活，接触作者的心灵，所以要读它；这样想的时候，修养的基础便打定了。要深入，要接触，读一篇东西自然不能像一般人看戏看电影一样，只知道红面孔登场了，白胡子跌倒了，或是甲男和乙女爱上了，丙男和丁女闹翻了，就算满足，必须把篇中说明的什么彻底了解。一个词儿，一句对话，都不轻易马虎过去，乃至一个比喻，一个穿插，前后许多节目的照应，人物和环境的交互关系，也要辨别得清楚，认识得确切，这样才算彻底了解。这是第一。第二，必须把作者所以要作这篇东西的主旨体会出来。大概所谓文艺，与普通论文不同之处，就在后者把主旨明白地说了出来。主旨有意思，寄托又恰如其分，能使读者体会得出，这是作者方面的事儿；根据自己的固有经验，又根据当前对于这篇文字的彻底了解，把作者没有明说的那个主旨体会出来，不错误，也不缺漏，这是读者方面的事儿。在体会出来的时候，读者便感到极大欢快，爱好文艺的热心，到这里才得到真实的酬报。自然，你还可以进一步批评那作品，或者发觉它的主旨不很圆满，或者议论它的技术尚有缺点。但是，这必须待第一第二两项功夫做到了家，才可以着手。否则，对于作品的本身还没有彻底了解，对于作品的主旨还没有把握得住，而要加以批评，便难免信口乱道，搔不着痒处。所以，第一第二两项功夫，是爱好文艺的青年所必须修养的。

依理说，名为“文艺”，当然是成品的东西。但是事实上不一定如此，不成品的东西，也往往冒着“文艺”的名称。青年没有这许多闲工夫，最好不要凭名称来选读；为得到实益和经济时力起见，应该选读那些真个当得起“文艺”这个名称的东西。请教别人自然是一个办法。别人说什么东西值得读，就去读，别人说某篇东西该怎样读，就怎样去读，只要那个人的确有一些门径，便不至于上当。但是请教别人还不如训练自己。把自己的眼光训练起来，成品的或不成品的东西，一到面前就辨别得出；若是成品的东西，读下去就能够应用最精善的读法：这样，岂不随时方便，终身受用？而要达到这个地步，还得如前面所说，在第一第二两项功夫上修养。你要求彻底了解，你要求把捉主旨，如果遇到不成品的东西，在彻底了解和追求主旨之后，觉得这里也有疏漏，那里也有缺点，你就很容易断定它不是成品。同时，你对于读物也就有了真的好恶。成品的，你将更深切地爱好它；不成品的，你将很自然地厌恶它。浪费时力在阅读不成品的东西上，这种事情便难得有了。

再就写作说，我以为青年试作文艺是好事情，但必须先有最起码的修养，就是：能运用文字把自己所知所想的东西写出来，明白而有条理，没有理论上和语法上的错误。一张请假条都写不好或一篇演讲记录都记不来的人，他绝没有试作文艺的能力；不相信，定要去试作，也不过胡搅一阵罢了，实在没有什么意思。这一点最起码的修养，本是无论什么人都该有的；一个人若不能运用文字把自己所知所想的东西写得明白而有条理，他就算不得一个合格的公民。现在有些青年以为写东西只要提笔写下去就成，不很顾到所写的明白不明白，有条理没有条理。我要爽直地说，这是一种要不得的习气。这种习气会使你写不好一张请假条，记不来一篇演讲记录；这种习气会使你终身得不到写作的实益。所以，即使是不想写文艺的人，也不该染上这种习气。自认爱好文艺有志试作文艺的青年，当然不该染上。须要知道，文艺是“运用文字”写成的，对于文字若还不能运用，又哪里谈得上写作文艺？

其次，一个人过生活，本该认真和踏实，对于自己和他人，都要对得起，都要无愧于心。一般的修养，目标就是如此，要想试作文艺的青年，当然也该向这方面努力。所谓文艺家，并不指一些会说花言巧语的人。有些人生活既充实，又能从生活中间发觉些什么，领悟些什么，并且运用文字把它们具体地叙写出来，那才是文艺家。生活充实的时候，发觉和领悟的机会自然常有，要写文艺，便有了个取之不竭的泉源。生活不充实，勉强去找一些东西来写，这便像向枯井里汲水，即使偶尔有一点，也只是混浊的泥浆。有志试作文艺，对于名作加以研读和揣摩，固然重要，但努力于生活，多做，多想，多观察，多体会，比较起来尤其重要。因为前者只能给你一些帮助，而后者却是开源的办法。生活当然指目前的而言；你若当学生，就得使自己的学生生活十分充实。一个学生生活十分充实的学生，很可能就学生生活的范围，写成很像个样子的文艺。

1941 年 11 月 20 日发表

梦的创作

有时做梦，梦见熟识的人处理一些事务，倾吐一些话语。醒转来想想，实际上他们并没有做过那些事务，说过那些话语。可是一切都适合他们的性情习惯，连一个小动作，一句话的词汇语调，都非属于他们各个人不可。梦中虚构了一个境界，却虚构得那么真切，自己也莫名其妙。

曾经问过好几个人可有同样的经验。回答说有的。有人还说，在梦中，我们几乎成了创作家了。创作家的基本的本领不是把人物描写得非常真切吗？我们在梦中就有这种本领，能把熟识的一些人认识得非常透切，不但见到他们的外表，并且深入他们的内心。由于深入他们的内心，所以虚构出来的他们的行动和语言都与他们适合，好像从他们本身发出来的。奇怪的是清醒的时候这种本领就消失了，至少也要消失一大部分，我们如果要虚构他们的行动和语言，只觉得很少有把握。话要说回来，我们在清醒的时候如果也能像梦中一样，虚构得那么真切，我们不是真个成了创作家吗？创作家到底不是人人当得成的。创作家不但对于熟识的人，连不熟识的人也能描写得恰如其分，神情毕肖。其难能可贵就在于此。

对于这种梦中的经验，想来心理学者一定能够解释。我不懂得心理学，只能就常识来推想。我们清醒的时候接物观人，都是外表与内心兼顾并注的。可是外表易见，内心难察，所以按分量说，外表方面的收获多，内心方面的收获少。外表方面的收获虽多，大多浮光掠影，事过境迁，也就忘了。内心方面的收获虽少，却印入得深，并不勉强记住，而自然忘不了，有一些好像忘了，其实在我们的心底里生了根。到做梦的时候，那些忘不了的在心底里生了根的活动起来，编织成片段的或是整个的故事，故事里的人物的一言一动当然适合他们的内心了。就一方面说，梦境诚然是虚构的。但是就另一方面说，这一类的梦境是最真实的，比事实还要真实，因为它剥落了浮面的种种牵缠，表现了人物的真际。

一些比较差的小说戏剧，所写人物往往不见真切，其故大概在乎没有剥落浮面的种种牵缠。无关紧要的动作与拖泥

带水的话语越多，人物的真切性越少。佳篇名作里的人物却是活的，世间明明不曾有过那些人物，但是那些人物活在读者们的心里。其故大概由于作者已经达到我们做梦时候的那种境界，人物的真际怎么样，早在他的心底里生了根了。他从生了根的出发，描写人物的动作，组织人物的语言。描写与组织虽是作者的劳绩，但是被描写被组织的全是人物自己的，所以笔笔有效果，处处见真切。

在心底里生根，这就不是临时可以办到的事。必须像我们那样，清醒时候在不知不觉之中识透了熟识的人的性情习惯，才会作恰合此人的真际的梦。因此，临时的观察和考查恐怕未必十分有用，最重要还在深入生活，把接物观人包容在生活项目里头，不把接物观人仅仅看作创作以前的准备。

1947 年 12 月 2 日作

文艺写作必须依靠语言

一

文艺的根源是生活。作者从生活里见到了某些东西，想把那些东西告诉人家，让人家也见到，于是拿起笔杆来。

告诉人家有各种各样的方式。大体归一归，可以分作两类。一类方式是把见到的结论告诉人家，见到东就说东，见到西就说西。一类方式是把从那里见到某些东西的一部分生活告诉人家，让人家自己去跟那一部分生活打交道。见到的某些东西或说或不说，一般的情形是不说。但是不说也等于说了。什么理由呢？作者既然从那一部分生活里见到了某些东西，现在他把那一部分生活告诉人家，根据“人同此心，心同此理”的道理，人家该也会像作者那样见到某些东西。

文艺采取的是后一类方式。

前面的话里屡次提到两个词，一个是“告诉”，一个是“说”，这一点可以注意。

作者经历过、体验过、想象过的生活藏在作者的头脑里，要让人家知道必须把它拿出来。可是藏在头脑里的生活没有办法拿出来，像从口袋里拿出一盒烟卷来那样。要拿出来就得把它化为语言。生活是根源，语言是手段。咱们说“告诉”、说“说”，都是语言方面的事儿。

其他艺术也一样。

藏在画家头脑里的生活没有办法拿出来，要拿出来就得依靠线条跟色彩。线条跟色彩是绘画的手段。

藏在音乐家头脑里的生活没有办法拿出来，要拿出来就得依靠声音跟旋律。声音跟旋律是音乐的手段。

藏在舞蹈家头脑里的生活没有办法拿出来，要拿出来就得依靠身体种种的动作跟姿态。身体种种的动作跟姿态是舞蹈的手段。

总之，各种艺术都有必须依靠的手段，不依靠某种手段，就没有某种艺术。要是有人说他可以不依靠什么手段把藏在头脑里的生活拿出来，他固然有说这个话的自由，咱们可不能想象。

这一节说文艺注定是依靠语言的艺术。至于文字是语言的记录，文字跟语言是二而一的东西，所以不该说文艺是依靠文字的艺术，这些道理很简单，不必多说。

二

文艺既然是依靠语言的艺术，咱们就该看看依靠的情形。

这不用单就文艺方面看，只要就一般的情形看看就成。什么叫一般的情形？就是不搞文艺，平常时候把头脑里的东西拿出来的情形。搞文艺跟平常时候说话发表意见虽然有性质上的不同，然而同样是把头脑里的东西拿出来。

要是稍微留意一下，咱们就会发现一些道理：凡是立刻拿得出来的，必然是已经形成语言或者极容易形成语言的东西；凡是不能够立刻拿出来，要待想一想才拿得出来的，必然是还没形成语言的东西。

谁问我平时看哪几种文艺刊物，我立刻可以回答说："我看《文艺学习》《人民文学》《文艺报》《译文》。"这是已经形成的语言，所以拿出来就是。

谁问我吃过午饭没有，那时候我已经吃过午饭，就立刻可以回答说："吃过了。"这是极容易形成的语言，所以一拿就拿出来。

谁问我朝鲜问题的前途怎样，我就不能够立刻回答，我得好好地想一想。虽说想一想，牵涉的方面可很广，需要的知识可很多，这且不谈。想一想以后，或者想清楚了，我才能够回答（正确不正确还不一定），或者终于想不清楚，我就只好老实说回答不出。

在最后一种情形里，可以注意的是什么叫想清楚，什么叫想不清楚。

我想的时候考虑到很多的方面，运用到很多的知识，这些方面，这些知识都以语言的形式在我的头脑里出现，绝不会赤裸裸地出现（就是说不形成什么形式而出现）。最后我对于朝鲜问题的前途有所理会，那理会也必然形成语言的形式，绝不会是赤裸裸的理会（就是说不形成什么形式的理会）。要是我终于无所理会，那就是我对于朝鲜问题的前途终于形成不了语言的形式，换句话说，那就叫想不清楚。

可见所谓想清楚就是形成语言的形式，所谓想不清楚就是形成不了语言的形式。

咱们想无论什么东西，非常简单的或者极端繁复的，都得依靠语言，没法凭空想。依靠语言来想，想清楚的时候也就是形成语言的时候。那个时候，那些形成了的语言藏在头脑里就是知识、见解、学问、“腹稿”……要往外拿就可以往外拿，拿出来的全是语言，不管口说还是笔写。

想的过程也就是形成语言的过程。咱们想，那件事情的因果关系该是这样，不该是那样。这不是同时规定了语言的说法吗？咱们想，那个人用“聪明”来形容他还嫌不够，他简直是“智慧的化身”。这不是同时选定了应用的语词吗？古代词人看见杏花开得堆满树枝，蜂儿在花间来来往往，他想，这个景象闹哄哄的，蜂儿固然闹哄哄，杏花挤挤挨挨地开出来也是闹哄哄，这里头蕴蓄着多少春意啊！于是一句有名的词句形成了：“红杏枝头春意闹。”

在前一节里说过这样的一句话：要拿出来就得把它化为语言。现在谈到这里，可以推进一步说，即使不准备拿出来，咱们头脑里的东西也必须形成了语言才成其为东西。所谓知识、见解、学问全都是以语言的形式藏在咱们头脑里的东西，“腹稿”更不成问题，正因它形成了语言的形式才叫“腹稿”。

咱们头脑里不成其为东西的东西是很多的。那些东西来无影，去无踪，飘飘浮浮，朦朦胧胧，有时候显一鳞，有时候露一爪，总之不成个具体的东西。那些东西当然形成不了语言的形式，当然拿不出来。

这一节说头脑里的东西跟语言的关系。

三

头脑里的东西跟语言的关系既然如此，文艺既然是唯一依靠语言的艺术，作者就不该说语言是小节，是小道。

这里说不该，并不是说谁说语言是小节、小道就犯了什么法，违背了什么道德。只因为这么说显然有不大注意语言的意思，显然有只要大节、大道就成，小节、小道尽不妨放松一点儿的意思。不知道实际是无论什么大节、大道都得通过语言（所谓小节、小道）才成其为大节、大道。好比拉紧一条绳子，要是只抓住这一头不抓住那一头，就无论如何拉不紧，而这么说的人恰好采取了只抓住这一头不抓住那一头的办法。凭无论如何拉不紧的办法怎么能达到拉紧的愿望？那岂不是认错了方向，走错了道路？这里说不该，理由在此，仅仅在此。

头脑里的东西跟语言的关系既然如此，文艺既然是唯一依靠语言的艺术，作者对于经历过、体验过、想象过的生活就不能有了个飘飘浮浮的、朦朦胧胧的影子就感到满足。

飘飘浮浮的、朦朦胧胧的影子不济事，不成东西，拿不出来，必须把它想清楚才成。想清楚了，那些生活才真个在咱们头脑里形成了具体的东西，咱们才真个掌握了那些生活。想清楚了，那些生活才拿得出来，因为所谓想清楚也就是形成了语言的形式。

作者的劳动，咱们管它叫文艺写作。文艺写作到底是怎么回事呢？难道指拿着笔杆写些字在纸上这回事吗？

我想文艺写作该是这么回事：就经历过、体验过、想象过的生活着着实实地想，把它想清楚，想得轮廓分明，须眉毕现——想的目的是把在生活里见到的某些东西告诉人家——想的手段是语言，让语言把想清楚的东西固定下来。

着着实实地想，依靠语言来想，这是文艺写作最基本的事儿。

至于拿着笔杆写些字在纸上，当然也重要，不写下来就不能普遍地告诉人家，但是那究竟不是最基本的事儿。

这一节说文艺写作是怎么回事。

1954年7月6日作

临摹和写生

向来学画，不外两个办法。一是临摹，拿名家画幅做范本，照着它下笔。一些画谱里还有指导初学的方法，山的皴法有几种，树的点法有几种，全都汇集在一块儿，让人逐一学画。这样分类学习，也是临摹的办法。还有一个办法是写生。写生是直接跟物象打交道，眼里看见的怎么样，手里的画笔就照着画出来。无论从临摹或是写生入手，都有成为画家的可能。

我说学画的两个办法，意在拿来打比方，比喻学写文章。学写文章也有临摹的办法。熟读若干篇范文，然后动手试作，这是临摹。在准备动手的时候，翻着一些范文作参考，也是临摹。另外一个办法是不管读过什么文章，直接写出自己的所见所闻所感所思。所见怎么样就怎么样写，所闻怎么样就怎么样写，其余类推。这是写生的办法。

学校里教学作文，往往把课本里的选文看作范本，有人觉得这还不够，希望另外选些范本，最好学写游记以前先读几篇游记，学写报告书以前先读几篇报告书。有人学习文艺写作，也喜欢揣摹几篇名家的作品，从用意布局到造语用词，都希望有所取法。可见无论学作寻常文章或是学写文艺，认为临摹的办法有效的人很不少。

我并不是绝对不赞成临摹的办法，可是我认为采取写生的办法更有好处，至少应该做到写生为主，临摹为辅。以下容我说明这个浅薄的意见。

还是拿学画来打比方。临摹的时候，面前摊着名家的画。画上当然有种种物象，可是这些物象是名家眼里看见的，不是临摹的人眼里看见的。临摹的人只能以整幅名家的画为物象，一笔不苟地把它描下来。对于画上种种物象的本身，临摹的人是隔着一层的。名家可能有看不透切的地方，可能有表现得不够的地方，临摹的人只好跟着他，没法画得比他更完美。写生可不同，物象摆在面前，写生的人眼睛看它，头脑想它，手里的笔画它，样样都直接。开始写生的时候，成绩可能比临摹坏得多，临摹总还像一张画，写生或许不成画。但是功夫用得多了，看物象的眼光逐渐提高，画物象的手腕逐渐熟练，达到得心应手的地步，那就任何物象都能描绘自如。学画的目的不是希望做到任何物象都能描绘自如吗（成个画家并不是学画的目的，画得好，当然成画家）？这个境界，惯于临摹的人就未必容易达到。总括一句，写生的好处在直接跟物象打交道。

有了前边一节打比方的话，学写文章的方面也不须多说了。学写文章从写生的办法入手，学得好，能够达到挥洒自如的境界，这是一。尤其重要的，以自己的所见所闻所感所思为根据，学得好，能够真正地表达出自己的所见所闻所感所思，这是二。学校里的学生难道因为世间有文章这样东西，非学它不可，才学写文章的吗？有志文艺的人难道因为文艺是又好玩又漂亮的东西，才发心学写文艺的吗？不是的。学生在校学习，出校参加任何工作，都需要把自己的所见所闻所感所思表达出来，而且要表达得好，否则就不能过好生活，做好工作，所以必须学写文章。有志文艺的人学写文艺，也无非要把自己的所见所闻所感所思很好地表达出来。不过他愿意运用文艺的技巧和形式，这是他跟一般学生不同的地方。既然如此，学习写作能不以自己的所见所闻所感所思为写生的对象，能不在写生方面多下

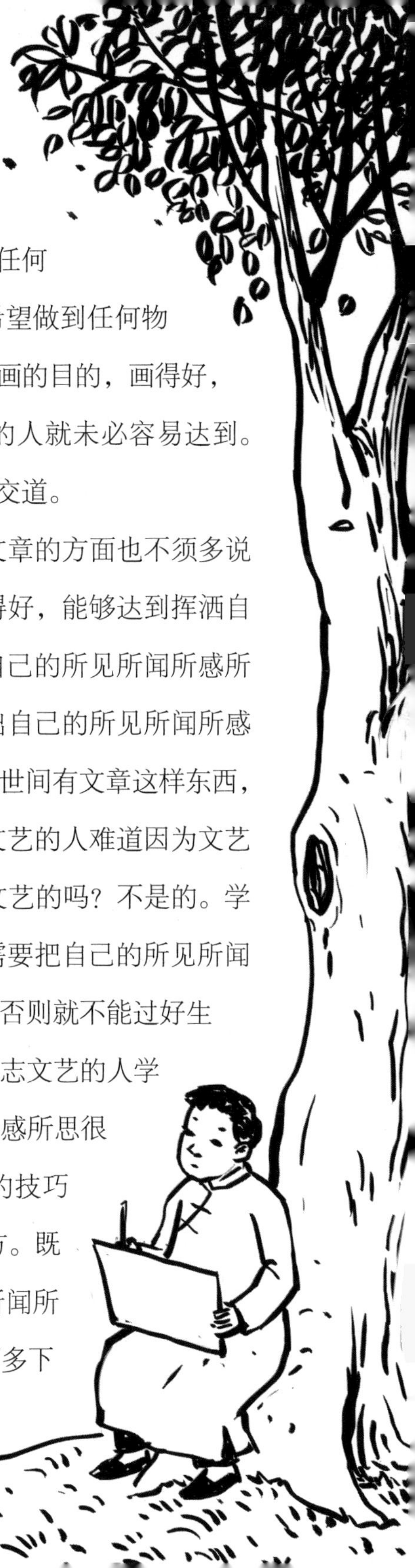

功夫吗？

既然要在写生方面下功夫，对于对象自然不肯马虎，也不能马虎。所见不真，所闻不切，所感不深，所思不透，那样的对象能够写生吗？值得写生吗？于是要求自己，所见要真，所闻要切，所感要深，所思要透。达到这些要求是整个生活里的事，不是执笔学习写作时候的事，然而是写好文章的真正根源。离开了一个人的整个生活，希望把文章写好，是办不到的。

见真，闻切，感深，思透，当然有程度之不同。真有更真，切有更切，深有更深，透有更透。譬如一个初中学生，他的真、切、深、透比不上一个大学生，但是可以达到跟他整个生活相应的真、切、深、透。他达到了这样程度的真、切、深、透，用写生的办法学习写作，抓住那些真、切、深、透的东西，毫不走样地表达出来，这是最有益的练习。

学写文章从临摹的办法入手，搞得不好，可能跟一个人的整个生活脱离，在观念上和实践上都成了为写作而学习写作。还有，在实践上容易引导到陈意滥调的路子，阻碍自己的独立思考和创意铸语。通常说的公式化的毛病，一部分就是从临摹来的。

自己写生，当然也可以看看人家对同一物象怎么样写生。

光是看看是参考或比较，进一步仿照他一下，就是临摹。反正在练习的阶段，偶然临摹几回，并不妨事。所以我在前边说到写生为主、临摹为辅的话。

1957 年 4 月 27 日作

给初学写作者

写自己见到的体会到的东西。——这就是说，事情要搞清楚了才写，道理要想明白了才写，诸如此类。不要看见人家写什么，就跟着人家写什么。跟着人家写什么，搞不清楚，想不明白，写起来非常吃力，结果往往写不好，连自己也不满意。

写有益于人有益于社会的东西。这就是说，对人家有坏影响的东西，咱们思想意识里就不应该有，当然不应该写，就是那些无关紧要的东西，也值不得写。要写总得使读者得到些好处，或者受到鼓舞，或者增长见识，或者提高思想，诸如此类。给读者的好处有大有小，有深有浅，看写东西的人水平怎么样。即使水平不怎么高，只要经过认真考虑，写出东西来也可以给读者一定的好处。

要通盘想得差不多了才动手写。——换句话说，不要边写边想，边想边写。譬如盖房子，要先打个图样，然后竖柱子，上梁，砌墙壁。不先打图样，随便乱来，谁知道会盖成什么样子的房子？通盘想停当了，写起来就很顺当，因为那只是定型化的功夫了，只是把想停当的东西用词句固定下来的功夫了。

写好了要修改，多念几遍，容易找出需要修改的地方。——这就是说，无论什么东西，一下子就做得完美无缺，是少有的，写东西也一样，所以写好了要修改。虽说通盘想停当了，再加考虑，还有不怎么周到的地方，这就要修改。定型化的时候，所用的某些词句不很适当，不能确切地表达需要表达的意思，这就要修改。修改自然是修改写在纸上的文字，实际上却是修改意思，使意思更完密更明显，给人的印象更深切。多念几遍，怎么个念法呢？就照咱们平时说话那样念。念一遍，念两遍，念着念着，哪儿多了些什么，哪儿少了些什么，哪儿用错了个词，哪儿句子还写得别扭，全都找出来了。这就便于修改，这个方法很有效，不妨试试。

假定自己是读者，看写成的东西要得要不得。——为什么说这句话呢？因为单就自己方面考虑，既然认认真真地想了，辛辛苦苦地写了，往往会觉得大致还要得，但是这样的判断不一定靠得住。把写成的东西作为人家写的，自己算是个读者来读它，看法就会有所不同。那时候如果觉得有点儿意义，就真正是大致要得了。那时候如果觉得不值一读，就见得这回是失败了，失败了不用灰心，振作精神再来写。

1959 年 6 月 10 日发表

谈谈《小布头奇遇记》

1960年以来，儿童文学方面的争鸣很是热烈，可是作品“歉收”，童话尤其如此。争鸣的集中点之一是童话与现实生活的关系问题，包括童话要不要反映现实生活，能不能反映现实生活，该怎么样反映现实生活，等等。去年年底出版了《小布头奇遇记》，是一部九万字左右的容纳现实生活题材的童话，作者孙幼军同志又是个新人——这是很值得欢迎的。

听好些老师说，《小布头奇遇记》受到小学二、三、四年级的孩子的欢迎。中央人民广播电台在“小喇叭”节目里广播这部童话，据说事后调查，幼儿园的小听众也喜欢听。童话既然是为孩子写的，写得成功不成功自当以孩子爱不爱看、爱不爱听、是不是受到教育为标准。听老师们和广播电台的同志那样说，我祝贺作者的成功。

这部童话叙述布娃娃小布头的遭遇，借此说明两点意思，一点是怎么样才是真正的勇敢，一点是为什么要爱惜粮食。这两点意思结合在一块儿，并不是某一部分光说这个，某一部分光说那个。小布头起初以为勇敢就是胆子大，就是什么都不怕。他为了练胆子闯了祸，糟蹋了粮食。他的好朋友苹苹批评他不爱惜粮食，他不接受，还生了苹苹的气，“勇敢”地逃走了。这就开始了他的“奇遇”。他跟支援农业的电动机一块儿到了农村。在农村里，他见到很多又新鲜又奇怪的事情，结识了很多新朋友，听他们说种种故事。他这才懂得粮食对于人们多么重要，为了生产粮食，人们怎么样辛勤地劳动；为了保护粮食，人们怎么样连性命也不顾。同时他又懂得唯有勤勤恳恳为大伙儿劳动，才是真正的勇敢，唯有敢于跟损害大伙儿利益的坏人坏事作斗争，才是真正的勇敢。后来苹苹的父母下放到农村支援农业，苹苹也来了，小布头才跟苹苹重逢。

在这部童话里，作者把布娃娃小布头写成了个活生生的孩子。他有自尊心，他希望做一个勇敢的人，只怕人家说他胆子小。他的脾气相当任性，但是一意识到他的任性损害了别人的时候，就赶紧掩饰，从这上头可见他自己也知道任性不是什么好脾气。他富于好奇心，爱听故事，见到什么新鲜事儿总要寻根究底。他富于同情心，见到悲惨的事情，听到悲惨的故事，就伤心痛哭。他爱朋友，他念念不忘最初的好朋友苹苹，为了救那小母鸡小芦花，连自己的性命也甘愿牺牲。他不接受那种光说道理的批评，可是善于从事实中或者故事中吸收经验，接受教训。在先他不知道老鼠是坏蛋，一知道老鼠是坏蛋，他就勇敢地跟老鼠作斗争。他在经历中懂得了粮食对于人们多么重要，就切盼能生产粮食，于是做梦，梦见自己学会了种小麦。像这样一个小布头，孩子们会感觉非常亲切，仿佛就是天天见面的小朋友里的一个。这因为一般孩子的习性脾气，不在这一点上就在那一点上，跟小布头有共同之处。

除了小布头，还有懂事的苹苹、生活经验挺丰富的大铁勺、快活的小母鸡小芦花、天真的农村孩子小喇叭，都写得相当好。此外如逞能的布猴子、憨直的布老虎，虽然出现的场合不多，也给孩子们留下鲜明的印象。

有好些段落写得特别切合孩子们的心理，就是说孩子们碰到类似这童话里的事物境界的时候，他们行动，他们思索，他们感受，正像童话里所写的那样。最能吸住孩子们的心的就是这些段落。现在举出几个来说说。

小布头闯祸，两次从酱油瓶子顶上翻下来，第一次是害

怕，第二次却是有意地再来试一试。孩子们做各种体育活动，譬如踩浪木、走天桥、下水游泳，从不敢到敢的过程不正是这样吗？

小布头跟苹苹赌气，因为苹苹责备他不爱惜粮食，故意浪费粮食，而他还根本不知道粮食有什么可贵，只觉得苹苹小气，为了一丁点儿小事儿，就对他发脾气。类似的情形，在家庭里，在幼儿园或者小学校里，不是时常发生的吗？责备挺有道理，可是受责备的孩子还不明白那个道理，于是想到歪里去，赌气了。

小布头看鼠老五出来偷吃东西，其时他还不知道老鼠是坏蛋，就一心一意为鼠老五着想，望他偷吃成功。他想告诉鼠老五靠门的角落里有一堆大白薯。他猜想摆在木板儿上的准是好吃的东西，替鼠老五高兴。他看见鼠老五绕着木板儿转圈儿，不去吃那块东西，就笑鼠老五是小傻瓜。后来鼠老五去抓那块东西了，他才满意地说："这就对啦！"最后鼠老五被压住在木板儿上，老爷爷提着木板儿走出去了，他越想越替鼠老五伤心，哭了个痛快。孩子的心情确然是这样，虽然处于旁观的地位，人家的事儿犹如自身的事儿，往往伴随着人家的喜怒哀乐而喜怒哀乐。

小布头被四只老鼠压在大石头底下的时候，他早已知道老鼠全是专偷粮食的坏蛋了，一听见他们商商量量要吃小芦花，就决心救小芦花。可是他没法儿跑出去告诉小芦花，他着急，他看明白了老鼠们叼些东西来引诱小芦花的鬼把戏，他更着急。后来小芦花来了，小布头叫她赶紧走开，说老鼠们要吃掉她。她不信，只道他开玩笑。直到小布头着急得哭了，小芦花才相信他说的是真话。随后是如下的对话。小芦花说："可是……小布头，你……你怎么……怎么办呢？"小布头说："别管我啦！你还不快跑！他们就回来啦！"小芦花说："小布头，我走啦！你别难过，我一定要想办法救你！"我想孩子们读到这一个段落，一定会深深体会友谊之重，从而影响到生活实践，在小朋友间相互对待的态度上提高一步。

大铁勺给小布头讲故事，在这部童话里占了三节，可以说是个相当长的段落。故事自然是作者编的，作者让大铁勺说"这是个真的故事"。我说应该承认这是个真的故事，就像优秀的小说戏剧一样，人物和情节全是虚构的，却写出了历史的真实和社会的真实，在这个意义上所以说它"真"。大铁勺讲的故事，内容是新中国成立前后农民的生活情况，这在今天的孩子是不知道的，可是应该让他们知道，而且他们会感觉津津有味，只要讲得得法，适应他们的接受能力。我的小孙子现在读完小学三年级了，去年他读这个故事，就说挺有意思，不比他待在收音机旁边听到的那些革命故事差。

小布头跟麦苗小金球、黄珠儿初见面，不知道他们是什么，他们不肯径直告诉他，要他猜。小金球、黄珠儿看小布头有点儿像人可是又不大像，问他是什么，他也没直说，只把他的经历说了一大堆。这一段极有情趣，双方逗引，躲闪，不怀恶意地讪笑，不太过分地夸耀，叫人想到孩子们聚在一块儿，说说笑笑到十分酣畅的时候，就会是这么一个场面。

这部童话里也有些写得不怎么好的段落，举出几个来说说。

有些段落比较拖沓，情节的进展不多，作些不关紧要的铺叙，可能使孩子们感到不耐烦。如小布头逃走以前共有六节；小布头遇险，留在老鼠洞里共有五节。要是适当地压缩一些会见得比较好。

有些故事似乎没有编好。譬如黄珠儿讲的老郭爷爷跟偷粮食的坏蛋作斗争的故事，故事的梗概有了，可是没有铺开来，就叫人觉得草草了事，不够细致。又如小金球讲的种小麦的故事，实际是讲的生产知识，没有故事。生产知识能不能入童话，我想这是不成问题的问题。不过作者既然想把生产知识纳入童话，就得想方设法，使知识融化在故事里头，这才能使孩子们读到有味的故事同时得到正确的知识，文艺的享受与知识的吸收双丰收。在儿童文学的领域里，这还是处女地，我热望精勤的作者着手开垦。又如小布头给小金球、黄珠儿讲的他怎样跟老鼠作斗争、怎样救小芦花的故事，是把前面的事儿重复说一遍，孩子们读了，可能想这早已知道了，因而不很感兴趣。不过我想，让小布头说一说他的经历是有必要的，从这中间可以显示他已经懂得了怎么样才是真正的勇敢，而且真正的勇敢是人人能够做到的。要是作者多下些功夫，让小布头说他的经历而尽量避免跟前面重复，那就好了。当然，那不太容易，可是也未必绝对办不到。

小布头从风筝上掉下来之后，直到全书末了，共有六节。这六节里，小布头成了个旁观者，不再担任主角。如果求全责备，这一点也是可以商量的。这部童话写到小布头向小金球、黄珠儿自叙经历，要说明的两点意思（怎么样才是真正的勇敢，为什么要爱惜粮食）都说明了，依我看，以下就该在两个办法里取一个。一个办法是按照这两点意思，故事还有所发展，叫小读者发生“柳暗花明又一村”之感。另一个办法是简要地作个结束，不要拖到六节之多。像现在这样，虽然让小布头参加了欢迎新社员的大会，也就是让小读者感到了欢迎新社员的大会的热烈气氛，很有现实意义，可是小读者觉得小布头不像先前那样生动活泼了，也许会不满意，因而冲淡了先前对他的好感。

现在说说这部童话的写法。这部童话是这样写的：小布头、布猴子、布老虎、小芦花、小金球、黄珠儿之类所谓“物”能听见“人”的说话，能观察“人”的行动，能彼此相互交谈，可是这些“物”不跟“人”说话，因而“人”不能知道这些“物”想些什么。有人说，这样写就似乎表现了两个世界，在许多“物”活跃的场合，是童话世界；在出现了“人”的场合，是现实世界。于是发生疑问，说，像这样童话世界与现实世界划然分开，交替写述，这作品算不算童话呢？依我想，算童话是不成问题的，用同样写法写的童话有的是，好像从来没有人怀疑过那些童话算不算童话。再说，写法哪有一定？全靠作者运用深至的思维和熟练的技巧，各自创造。甲用这样的写法，乙用那样的写法，两种写法截然不同，只要能打动读者的心，那就同样地好。有些人不这么想，看作品先看合不合意想中认定的那种写法，准备动手写作品，先问这类作品的写法是怎样的。总之一句话，框框为先。鉴赏的眼光和创作的活力给写法的框框拘住了，我看没有什么好处。我的话说得岔开来了，就此打住。

我不说这部童话的写法特别好，我只想说说像这样的写法有它的好处。孩子们处在现实世界里，从没看见布娃娃、铁勺儿起来活动，从没听见小母鸡、麦苗儿说话谈心。童话写所有的“人”都以“物”待“物”，这符合于生活的真实，孩子们不会觉得奇怪。但是咱们“人”能想象，孩子们对着周围的“物”，植物、动物、无生物，不免以己度“物”地想，这些东西也会想心思，动感情吧，也会抱什么意愿，干什么事儿吧。童话写所有的“物”各有活动，或干好事，或干坏事，各有思想感情，智勇奸险，喜怒哀乐，兼容并陈，给孩子们展示一个想象的世界，也就是所谓童话世界，这不仅使他们感到满足，更重要的还在于启发他们的想象。一方面符合于生活的真实，另一方面驰骋于想象的天地，在并不研究什么写法的孩子们看来，同样觉得非常自然，这就是这样的写法的好处。至于作者写“物”的言动情思，当然只能以己度“物”，高下之判在于怎么样“度”。大概能从“物”的本身出发，按它的本性和经历等等去“度”就是比较好的。不顾“物”的本性和经历等等，而拿“人”的言动情思强加于“物”，这样地“度”就是比较差的。这部童话的作者以己度“物”，我以为是能从“物”的本身出发的。

这部童话运用语言有极大的优点，必须说一说。小学三四年级的孩子能够畅顺地念下去，一二年级和幼儿园的孩子能够听懂。作品究竟是依靠口耳的东西，这部童话受到孩子们的欢迎，语言运用得好该是个重要的原因。怎么好呢？简洁，活泼，有情趣，念下去宛然孩子的口气，可是没有孩子常有的种种语病。我猜想作者是下过功夫向孩子学习语言的，而且学习的方法很正确，取其长而去其短，重在神似而不拘于貌似。有些作者也向孩子学习语言，想得偏了点儿，以为须得照单全收才是纯粹的儿童语言，才能写入作品里给孩子们读，于是孩子常有的种种语病也出现在儿童读物里了。我想恳请这些作者考虑两点。在创作活动的各方面都讲究提炼，为什么唯有学习孩子的语言不需要提炼呢？凡是说话总有人听见，凡是写东西总有人看见，所以说和写的时候不能不顾到给人的影响。而咱们对于语言的要求是纯洁和健康。为什么唯有儿童读物可以不顾到给人的影响，而把孩子的某些不纯洁不健康的语言广为传播呢？我的话又岔开来了，这是久已想说的话，现在谈这部童话的语言，就附带说了。

沈培同志为这部童话画的插图，值得称赞。粗线条，粗中有细，能传出“人”和“物”的心情神态，能跟文中的叙写配合，启发孩子们的想象。譬如小老师把玩具分给小朋友们，文中只说“大家都很高兴，只有一个小朋友不高兴，他叫豆豆”。插图就画出十个小朋友，九个的高兴神态各各不同，得到小飞机的男孩举起小飞机想送它上天，得到长颈鹿的男孩捧着长颈鹿仰首而观，得到小花猫的女孩定睛细玩，得到大洋娃娃的女孩脸贴着大洋娃娃的头和肩膀……独有另外一个攒眉挂眼，右手里托着个小布娃娃，一望而知他准是豆豆。这就把文中所说的“很高兴”“不高兴”形象化了。又如画小布头跟大铁勺在锅盖上谈话，小布头支膝而坐，大铁勺站了起来，勺柄着在锅盖上，这在现实世界里是不可能的，两样东西只能躺在锅盖上，但是照现实世界的实际画，就无所谓想象了，唯有在大铁勺的底面添上些简单的线条，仿佛像个面貌，让两样东西一大一小，一站一坐，面面相对，才成个想象的境界。又如小布头在田阿姨家里头一回看见小煤油灯，觉得挺新鲜，插图就画了小布头站在小煤油灯下仰望的情景。这是文中所没有的情节，文中只说“小布头坐在二娃身边，看着桌上的小煤油灯，觉得挺新鲜”，所以全出于插图的作者的想象。插图的作者想象小布头会有这样的想象，如果站在小煤油灯下，该有怎么样的感觉。他把这种感觉画出来了，小布头那么小而小煤油灯那么大，火苗儿的光向四面八方放射，小布头在普遍的光明之下惊呆了。例子不再多举，请止于此。咱们出版界一向提出要求，插图不要作为书籍的装饰品而存在，要成为书籍的有机部分，跟文本密切配合，使读者得到更多的理解，更深的感受，而儿童读物尤其应当如此。各个出版社向这方面努力，很有些成绩，最近北京举办的“儿童读物美术展览”，大家看了，都说可观之作很不少。这部童话的插图也是在展览会里得到好评的，我乐意在这里告诉读者。

1962年7月25日作

给少年儿童写东西

写文学作品要注重语言，写少年儿童读的文学作品尤其要注重语言。

为什么？

因为作者要把自己的所见所闻所思所感告诉读者，使读者接受，不靠别的，光靠语言。

为什么给少年儿童写东西尤其要注重语言？

因为少年儿童还在学习语言的阶段。如果作者写的语言是正确的，健康的，美的，就能使少年儿童受到熏陶，潜移默化，养成良好的语言习惯。

少年儿童善于模仿，还不大善于鉴别。作品中如果有些不正确不健康不美的语言，少年儿童读了却当作好范例，就可能养成不好的语言习惯。

语言要正确，指合乎实际。看见了什么，听见了什么，感到了什么，想到了什么，必须扼要地如实地写下来。唯有这样，才能达到写东西的目的，使读者不折不扣地知道作者要告诉他的是什么。要是不然，何必写呢？

语言要健康，指合乎语法。语法就是正常人的语言习惯。正常的人在交流思想的时候，就是这样说的，这样写的。语法绝非捆住作者的手脚的绳索。作者要使读者接受自己想表达的东西，选词造句就必须合乎语法，也就是按照正常的人的语言习惯来写。

对文学作品来说，合乎实际了，合乎语法了，还要美。

美绝非矫揉造作，装腔作势。光在选词造句上用功夫，堆砌许多形容词，杜撰一些叫人无法捉摸的词和句式，都是无济于事的。不但无济于事，还会使少年儿童受到很坏的影响。如果他们以为文章就得这样写，不这样写不成其为文章，岂不是被引入歧途了吗？

美出自心灵，出自作者的高尚的情操。这样说似乎有点玄虚，其实是可以捉摸的。高尚的情操包括对人生的理解，对未来的向往，对社会的责任感；再说得具体些，高尚的情操就是时时刻刻想到自己在人民之中，是社会的一员，应该而且必须为人民为社会做有益的事，一辈子这样，决不改变。

作者有这样高尚的情操，他的写作态度就必然是真诚的，一定要自己有所得——也就是有了鲁迅先生说的真意才动笔。他从自己熟悉的事物中确定写什么，然后凭自己理解的程度把它写下来。这样写成的作品即使不加修饰，非常质朴，也自然有一种内在的美，因为它出自真诚，表现了高尚的情操。

技巧当然还是要讲究的，怎么组织材料，怎么表现主题，都是需要考虑的技巧问题。技巧绝不是弄虚作假，故作高深。有高尚的情操的作者绝不肯用这种手段来炫耀自己多么有才华。讲究技巧最主要的是选择最切当的形式把真意表达出来，包括规划整篇和选词造句。这样做，归根结底是为了读者，尽一切可能使读者容易接受，而且理解得比较深入。

给少年儿童写东西，尤其不能忘了读者，不能忘了读者是少年儿童，一定要使少年儿童喜欢看，看了能懂，能得到好处，无论在品德方面，知识方面，还是娱乐方面。

一篇文章当然不能包罗万象，要是空空洞洞，什么都没有，就非常之坏，不但白费了纸张印刷，少年儿童们，还有少年儿童的老师和家长，都会不满意的。

要给少年儿童写好东西，必须先了解少年儿童，先向少年儿童学习。希望有志献身于少年儿童文学的人不要脱离少年儿童。只有长期生活在少年儿童中间，对少年儿童有了真挚的感情，才有可能写出他们喜爱的有益于他们成长的好作品来。

1981 年 10 月 11 日作

晴窗随笔

父母的责任

当教师的遇到了难以训教的学生，便微微引起灰心，想：“这个学生是怎么生成的，竟会这样不堪教育。”留心社会情状的遇到了举措失当行为不良的人，便轻轻叹一口气，想：“这个人是怎么生成的，竟会坏到这个地步。”这是最平常而且带着普遍的情形，就是那些被疑怪的人，对于他们所接触的人物，也许会产生同样的疑怪。不要说从今以后，想来从今以前，这样的疑怪也常常涌现于多数人的心里。

即使不讲高深的学理和生物的本能，教育的力量总是一个不可否认的信仰。我们对于不论什么事情，总是一方受教，一方学习，那就能了，会了，否则就不能不会，这就是教育的力量的有力证明。这里所谓的教和学，需是合理的，有方法的，而有力量的教育，本来就指的这一种。教育既然受到了人们的信仰，同时就对人们负了责任：说好坏似乎有点含糊，不如说一个人能够或会生活在大群之中，所作所为都非常正当，就是教育的功劳，一个人不能够或不会生活在大群之中，一切都不正当，那就是教育的错失。

于是，前边的疑怪声中的问题可以解答了。不堪教育的学生不是天生的，全是教育的错失。

有人会问：学生不是正在受教育么？社会上的人不是已经受过学校的教育，现在正在受社会的教育么？若说教育不好，有所错失，这是千头万绪，动一发而牵全身的事，那么眼前将怎样办呢？

这样的问题涉及教育的优劣的范围。但是我的意思不在这一点，乃在最初的时候，一个人在幼稚的时候，教育却闪在一旁，不与幼稚的人见面：我认为这一点是教育的错失。不论方法是好是坏，有总胜于无，有方法而并不好，以后可以改正，无方法就根本上完了。有许多不幸的婴儿和孩子，在他们入世的最初的时期，绝对看不见教育的脸色。教育对于人类既然负有特别的责任，为什么不早些露出面目来呢？这不是教育的错失吗？

教育是附丽于人而后显出它的作用的，离开了人，也就没有教育了。所以说教育的错失，意思就是负有教育责任的人的错失。对婴儿和孩子负有教育责任的，当然是父母。做父母的倘若没有好的教育，也没有可以改正的不好的教育，只是不教育，就是一个重大的错失。婴儿和孩子时期，在一个人的一生中多么紧要，一切人类的理解习惯，都从此时获得，若能受到好的教育，岂不更可以超越地进取，反过来说，倘若受不到一点儿教育，就是极深重地被损害。而父母便处于损害者的地位，因为他们是负有教育责任的人，但是并没有教育他们的子女。

做了父母就注定应该负教育子女的责任，在生物进化的途径上显示得很明白，但是除了本能以外，还需要知识技术等的帮助。所以母鸡的事业总得到成功，而在人类中，父母的事业非但成功难必，或且全然不能做教育这件事。要教育子女却不能做，不做又是重大的错失，使做父母的十分为难了。但是应负的责任总在那里，不因为难而减轻。

做父母这件事是不自料的，并不希望做，然而子女来了，就不得不做，同时也就负上了很重大的责任。那些确然不能负起责任的父母，好在大多是不自知的，如其自知，不知要怎样懊恼他们自己犯了这样大的错失呢！更从他们的儿女方面说，受到的损害是多么沉重：最初的权利丧失了，最重要的受教育的时光虚度了，虽然随后有种种的教育，但是在先的根本不坚牢，怎么会得到充分的发展呢？

如果我说，人类生子女不会立下预算表，这似乎是句滑稽的话。然而实际的情形确然如此。试问谁曾经想过希望有几个子女，能够有几个子女？大家只是个不经意，任自然支配罢了。在这个不经意之下，从今以前，做子女的因为父母的不教育受了多少损害，恐怕是一件最难的而且无法统计的事。我们试作空想，假使做父母的都曾列过预算，自己知道能够负起教育的责任才生子女，子女就会大大改观，不同于已然的情形，而现在的世界，也当跟着大大地改观了。可惜这终究是个空想，预算表仅仅应用在处理经济和事务等上面。

以前的错失且不去管它，做父母的总要希望能尽所负的责任，即使延迟到从今天起，总比不能尽责好得多。过分的力量自然没法去尽，在可能的范围内需得努力做去，直到人家的怪疑声起，做父母的可以很安心地不负责任。我们自己都应该做一点儿有效的事业，并不都为着自己的子女，但是应该知道，教育子女也是事业中的一部分。这一部分不能做到，不说大的远的，就是不爱自己的子女，就是不应当有子女。

我不是说滑稽话，为了前面的意思，我们得列个预算了：我们能教育几个子女呢？这么一想，从自知之明得到了解答，于是生下适如其量的子女。过了量呢？那就很为难，因为父母的心力有限，分配于过量的受者，就使受者得到的平均打了个折扣。我们更可以这样自问：我们究竟能不能教育子女呢？如其不能，那就不任自然作主，权自己操，竟然不做父母；尽可以到以后能够教育子女的时候再做父母，如果自觉永远不能，就永远不做。这不是不可能的，我们愿这样做，就能做到。

父母爱自己的子女，喜欢给他们吃肥美的食物，穿温厚的衣服。这固然不错，子女身体上的要求，父母能使他们满足，不能说这并不是爱。但是能够给子女以教育，更是深浓强烈的爱，因为饱了他们心灵的饥饿，暖了他们心灵的寒冷了。若能适宜地生育子女，一一与以教育，当然是父母的深爱，倘若自知不能教育而不生子女，也见得对于未生者的无穷的爱。

1922年10月3日作

假如我有一个弟弟

假如我有一个弟弟，他在中学毕业了，我想对他说以下这些话。客观地立论的习惯还没有养成，因而所说的只是些简简单单的直觉。

中学生是中国社会里少数的选手。不去查统计，当然不能说出确切的总数，但是只要想到数十年来唱惯了的“四万万同胞”，同时把中学生的总数来比较，大概会有“沧海一粟”之感了。

这些选手的入选条件是付得出一切费用，暂时还不需要或者永远不需要靠自己的劳力生活。

他们为了什么目的而入学呢？普通的名目是“受教育”“求学问”。骨子里是要向生活的高塔的上层爬，知识和学问是生活的高塔，地位和报酬也是生活的高塔，我说向上

层爬，并不含有讥刺的意思。

爬到某一层，这就是说中学毕了业，停了脚步想一想，是再往上爬呢还是不？再爬该怎样爬？不爬又怎样？这就来了许多踌躇。

从“沧海”方面说，“一粟”是包括在内的，有问题也只是“沧海”问题的一个子目。但是从“一粟”本身说，却有种种问题可以商论。

所谓再爬不爬等等问题，总括地说就是出路问题；有人说，说“进路”比较恰当，再换一句，就是“往哪里走”。

往哪里走呢？

升学是一条路。任事是一条路。无力升学又没法任事也是一条无路之路。各人的凭借不同，所趋的路当然分歧了。

弟弟，如果你的凭借好，我赞成你升学。你爱好学问，你希望深造，你不仅为学问而学问，还想在人类的生活和文化上添上这么几笔，把它们润色得更充实更完美：我哪有不赞成之理？

如果你不为着这些，却要升学，我可不赞成。你想给自己镀上一层金么？这是一种欺诳的心理。心存欺诳，做出事来必然损害他人。这怎么行！

我曾走进大学，看见选手们颇有在那里给自己镀金的。亲爱的弟弟，我不愿你这样。

你若真个爱好学问，有一层又必须知道，就是现在的社会并不适宜于做学问。这意思说起的人很多，着眼点不一，总之都能抓住真相的一角。

我要你知道这一层，不是叫你就此灰心，袖起手来叹“非其时也！”或者说“社会负我！”

我希望你从爱好学问的热诚里发出一股力量，把社会改得适宜于你一点儿。这当然不是一个人的事，不过你与他人各自尽了一份力量时，就更有把握。

凡具有爱好某一事项的热诚的人都应该这样，才不至于徒存虚愿。否则，志在兼利天下的发明家发明了什么事物，结果只供少数人去享用；两心相印的恋爱者不顾一切，誓欲合并，终于给排斥纯爱的世网绊住了。

你如其想走任事的那条路，我也赞成。成语说“不得已而思其次”；任事并非升学的“其次”，你不必想起那成语。任事也是做学问；做学问的目的无非要成就些事物。

任哪种事呢？列举很难，还是概括说吧。

譬如讲授死书的教师，我不赞成你去当。一代一代的教师讲授下来轮到你，你又传下去，一代一代，以至无穷；一串的人就只保守了几本书，自身并没有成就些什么，生产些什么；你若反省时，一定会感觉无谓的。——这是一例，其他可类推。

譬如电报局邮政局的职员之类，都是社会这一具大机械的齿轮，你若愿意当，不感到什么不满，我也赞成你去当。——这又是一例，其他可类推。

我想劝你去干的，是成就些什么、生产些什么的事，尤其是劳力的事。

无论如何天花乱坠的文明文化，维持生活的基本要件总是劳力的结果。大家需要享用，大家就该劳力，这是简单不过可是颠扑不破的道理。

“我们研究学问，我们担任要务，劳了心了：劳力的事你们去干吧。”这种分工说是狡狯自私的“治人者”的欺人话。各种劳力的事之间，那当然要分工。

论理，研究天文学的也该织一匹布，担任什么委员的也该种一块地，因为他们维持生活的基本要件与一般人一样。何况不研究天文学不担任什么委员的你，要想任事，自应拣那些能够成就些什么生产些什么的了。

即就织布种地而论：手工业的织布在现代文明中将被淘汰净尽了，要织布就得进工厂去当职工，而职工是困苦的；种地的事也很困苦，形容起来就是“无异牛马”。这些我都知道。

然而这些事总得由人去做。你若说，似乎犯不着吧，这句话我不爱听，因为你是一个不比所有的人卑微也不比所有的人高贵的人。

那么关于困苦这一层呢？你一定要问了。亲爱的弟弟，我决不至于这样糊涂，竟会叫你低首下心忍受一辈子，像那驮石碑的赑屃一样。而且你身历其境之后，自然会不甘忍受一辈子；那时你必将有所见，根据这所见来改革来变更，是你的权利。改革变更一件事的权利，最正当是归到担任这件事的人的手里。

末了，如果你无可奈何只好走上“无路之路”，我当然无所用其不赞成，因为你碰着的是事实的壁。

那时你一定要愤愤。愤愤是应该的，否则真成弱虫了。

但是你为什么愤愤，却须问个明白。

如其说，你有中学毕业的资格而竟无路可走，所以愤愤；这就不怎么妥当。中学毕业岂是你特别优异于人的条件，你只因有所凭借罢了。你的口气却似乎说，别人不妨无路可走，唯有你不该无路可走。为什么唯有你不该无路可走呢？——具有商业经验的父兄送子弟入学校，本来就看作一宗买卖，花了本，非但得不到利，结果连本都蚀掉，于是愤愤，自属常情。但是我不希望你运用这种商业经验。

如其讲，你是一个要任事的人，而竟无路可走，所以愤愤，这就比较妥当。你这样想，就会和入那无路可走的大群里去，不复自觉有什么特别优异于人的条件，而且你的问题也就是大群的一般问题了。

这个问题于你是很好的功课。你若能精细地剖析，扼要地解释，社会病态的诊断就将了然于你的胸中；同时你必能给它开个对症的药方，为大群也为你自己。

亲爱的弟弟，我的话很幼稚，又很不具体，我自己知道。

我的实力只有这一点儿，我不能说出超乎实力的话。如果这些话于你有一毫用处，自是我的欣喜。

1930 年 7 月 1 日发表

从焚书到读书

人类真是奇怪的动物，有所谓“智慧”。以有智慧故，从最初劳动时或惊骇时所发的呼声，进化而为互通情意的语言，由语言而造出文字，用文字记载事物，产生“书”这一类东西。

书，又是奇怪的东西——说它可爱呢，书确然把人类过去从奋斗中得来的经验和理论告诉后来的人，给后来人指出努力的方向。说它可恶呢，自从书把经验和理论告诉了后来人，就使阶级化了的人类社会常常感到不安。

在可恶这一点上，二千一百多年前聪明的秦始皇已经感觉到了，他就采取激烈手段，索性把藏在民间的书统统付之一炬。这个手段究竟太激烈了，不久就有不读书的刘项二人起来把妄想传之万世的秦朝打倒。后来的皇帝更加聪明，他

们知道既然有了“书”这件东西，要根本毁灭它是不可能的，与其“焚”，不如索性让人家“读”，不过“读”要有一定的范围，一定的办法，于是找出几种有利于当时社会的支配阶级的理论的书，定名为“圣经贤传”，其他诸子百家就是“异端邪说”，都在“罢黜”之列，此外还定下个“使天下英雄入吾彀中”的科举制度。一般人读了圣经贤传，不难在科举制度下名利双收；要是读异端邪说的书，就是“非圣无法”，可以使你身首异处。那时奖励青年们读书有四句口号道：“天子重英豪，文章教尔曹，万般皆下品，唯有读书高。”

现在科举制度早已废止了，但是科举的精神依旧存在。政府的煌煌明令，学者名流的谆谆告诫，都说“青年应该读书”。读什么书呢？他们没有说，大概是因为有所谓“标准”在，不用细说了。合乎标准的，读了有文凭可拿，有资格可得。不合乎标准的，就等于从前所谓诸子百家，是异端邪说，教师不敢介绍，书店也不敢刊行，青年们更少有读到的机会

了。不过社会究竟在进步，口号和以前不同了：“非圣无法”现在简称为“反动”，“……唯有读书高”现在变而为“读书救国”了。

从“焚书’到“读书”，方法和口号尽管在变换，精神却是一贯的。我们不知道叫学生埋头读书的学者名流有否想到这一层。

1932 年 1 月 1 日发表

给予学生阅读的自由

我们知道现在中等学校里，对于学生课外阅读书报，颇有加以取缔的。取缔的情形并不一律。有的是凡用语体文写作的书报都不准看。说用到语体文，这批作者就不大稳当。却没有想到给学生去死啃的教科书大多数是用语体文写作的。有的是开列一个目录，让学生在其中自由选择。说目录以外的书报都要不得，谁不相信，偏要弄几种来看，只有一个断然处置的办法——没收！有的更温和一点，并不说不许看什么，却随时向学生劝告，最好不要看什么。一位教师在自修室外面走过，瞥见一个学生手里正拿着一本所谓最好不要看的东西，他就上了心事，跑去悄悄地告诉另一位教师说："某某在看那种东西了呢！"那诧怪和怜悯的神情，仿佛发现了一个人在偷偷地抽鸦片。于是几位教师把这事记在心上，写上怀中手册，直到劝告成功，那学生明白表示往后再不看那种东西了，他们才算在心上搬去了一块石头。——这虽然温和一点，然而也还是取缔。

这样把学生看作思想上的囚犯，实在不能够教人感服。学生所以要找一点儿书报来看，无非想明白当前各方面的情形，知道各式各样的生活而已。既已生在并非天下太平的时代，谁也关不住这颗心，专门放在几本教科书、几本练习簿上。当然，所有的书报不尽是对于学生有益处的。但只要学校教育有真实的功效，学生自会凭着明澈的识别力，排斥那些无益的书报。现在不从锻炼学生的识别力入手，只用专制的办法来个取缔，简便是简便了，然而要想想，这给与学生的损害多么重大！把学生的思想范围在狭小的圈子里，教他们像号子里的囚犯一样，听不见远处的风声唱着什么曲调，看不见四围的花木显着什么颜色。这样寂寞和焦躁是会逼得人发疯的。我们曾经接到好些地方学生寄来的信，诉说他们被看作思想上的囚犯的苦恼。只要一读到那种真诚热切的语句，就知道取缔办法是何等样的罪过。

教师和学生，无论如何不应该对立起来。教师不是专制政治下的爪牙，学生不是被压迫的民众。教师和学生是朋友，在经验和知识上，彼此虽有深浅广狭的差别，在精神上却是亲密体贴的朋友。学生要扩大一点儿认识的范围，做他们亲密体贴的朋友的教师，竭力帮助他们还嫌来不及，怎忍把他们的欲望根本压了下去！我们特地在此提出来说，希望做了这种错误举动的教师反省一下，给予学生阅读的自由。

1937 年 2 月 1 日发表

如果我当教师

我现在不当教师。如果我当教师的话，在“教师节”的今日，我想把以下的话告诉自己，策励自己，这无非“以后种种譬如今日生”的意思。以前种种是过去了，追不回来了；惭愧是徒然，悔恨也无补于事；让它过去吧，像一个不愉快的噩梦一个样。

我如果当小学教师，决不将投到学校里来的儿童认作讨厌的小家伙、惹人心烦的小魔王；无论聪明的、愚蠢的、干净的、肮脏的，我都要称他们为“小朋友”。那不是假意殷勤，仅仅浮在嘴唇边，油腔滑调地喊一声；而是出于衷诚，真心认他们作朋友，真心要他们做朋友的亲切表示。小朋友的成长和进步是我的欢快；小朋友的羸弱和拙钝是我的忧虑。有了欢快，我将永远保持它；有了忧虑，我将设法消除它。对朋友的忠诚，本该如此；不然，我就够不上做他们的朋友，我只好辞职。

我将特别注意，养成小朋友的好习惯。我想“教育”这个词儿，往精深的方面说，一些专家可以写成巨大的著作，可是就粗浅方面说，“养成好习惯”一句话也就说明了它的含义。无论怎样好的行为，如果只表演一两回，而不能终身以之，那是扮戏；无论怎样有价值的知识，如果只挂在口头说说，而不能彻底消化，举一反三，那是语言的游戏；都必须化为习惯，才可以一辈子受用。养成小朋友的好习惯，我将从最细微最切近的事物入手，但硬是要养成，决不马虎了事。譬如门窗的开关，我要教他们轻轻地，“砰”的一声固然要不得，足以扰动人家的心思的“咿呀”声也不宜发出；直到他们随时随地开关门窗总是轻轻地，才认为一种好习惯养成了。又如蔬菜的种植，我要教他们经心着意地做，根入土要多少深，两本之间的距离要多少宽，灌溉该怎样调节，害虫该怎样防治，这些都得由知识化为实践；直到他们随时随地种植植物，总是这样经心着意，才认为又养成了一种好习惯。这样的好习惯不仅对于某事物本身是好习惯，更可以推到其他事物方面去。对于开门关窗那样细微的事，尚且不愿意扰动人家的心思，还肯作奸犯科，干那些扰动社会安宁的事吗？对于种植蔬菜那样切近的事，既因功夫到家，收到成效，对于其他切近生活的事，抽象的如自然原理的认识，具体的如社会现象的剖析，还肯节省功夫，贪图省事，让它马虎过去吗？

我当然要教小朋友识字读书，可是我不把教识字教读书认作终极的目的。我要从这方面养成小朋友语言的好习惯。有一派心理学者说，思想是不出声的语言，所以语言的好习惯也就是思想的好习惯。一个词儿，不但使他们知道怎么念，怎么写，更要使他们知道它的含义和限度，该怎样使用它才得当。一句句子，不但使他们知道怎么说，怎么讲，更要使他们知道它的语气和情调，该用在什么场合才合适。一篇故事，不但使他们明白说的什么，更要借此发展他们的意识。一首诗歌，不但使他们明白咏的什么，更要借此培养他们的情绪。教识字教读书只是手段，养成他们语言的好习惯，也就是思想的好习惯，才是终极的目的。

我决不教小朋友像和尚念经一样，把各科课文齐声合唱。这样唱的时候，完全失掉语言之自然，只成为发声部分的机械运动，与理解和感受很少关系。既然与理解和感受很少关系，那么，随口唱熟一些文句又有什么意义？

现当抗战时期，课本的供给很成问题，也许临到开学买不到一本课本，可是我决不说“没有课本，怎么能开学呢！”，我相信课本是一种工具或凭借，但不是唯一的工具或凭借。许多功课都是不一定要利用课本的，也可以说，文字的课本以外还有非文字的课本，非文字的课本罗列在我们周围，随时可以取来利用。利用得适当，比较利用文字的课本更为有效，因为其间省略了一条文字的桥梁。公民、社会、自然、劳作，这些功课的非文字的课本，真是取之不尽，用之不竭，书铺子里没有课本卖，又有什么要紧？只有国语，是非有课本不可的，然而我有黑板和粉笔，小朋友还买得到纸和笔，也就没有什么关系。

小朋友顽皮的时候，或者做功课显得很愚笨的时候，我决不举起手来，在他们的身体上打一下。打了一下，那痛的感觉至多几分钟就消失了，就是打重了，使他们身体上起了红肿，隔一两天也就没有痕迹，这似乎没有多大关系。然而这一下不只是打了他们的身体，同时也打了他们的自尊心，身体上的痛或红肿，固然不久就会消失，而自尊心所受的损伤，却是永远不会磨灭的。我有什么权利损伤他们的自尊心呢？并且，当我打他们的时候，我的面目一定显得很难看，我的举动一定显得很粗暴，如果有一面镜子在前面，也许自己看了也会嫌得可厌。我是一个好好的人，又怎么能对着他们有这种可厌的表现呢？一有这种可厌的表现，以前的努力不是根本白费了吗？以后的努力不将不产生效果吗？这样想的时候，我的手再也举不起来了。他们的顽皮和愚笨，总有一个或多个的原由，我根据我的经验，从观察和剖析中找出原由，加以对症的治疗，哪还会有一个顽皮的愚笨的小朋友在我周围吗？这样想的时候，我即使感情冲动到怒不可遏的程度，也就立刻转到心平气和，再不想用打一下的手段来出气了。

我还要做小朋友家属的朋友，对他们的亲切和忠诚与对小朋友一般无二。小朋友在家庭里的时间，比在学校里来得多，我要养成他们的好习惯，必须与他们的家属取得一致才行。我要他们往东，家属却要他们往西，我教他们这样，家属却教他们不要这样，他们便将徘徊歧途，而我的心力也就白费了。做家属的亲切忠诚的朋友，我想并不难；拿出真心来，从行为、语言、态度上表现我要小朋友好，也就是要他们的子女弟妹好。谁不爱自己的子女弟妹，还肯故意与我不一致？

我如果当中学教师，决不将我的行业叫作“教书”，犹如我决不将学生入学校的事情叫作“读书”一个样。书中积蓄着古人和今人的经验，固然是学生所需要的，但是就学生方面说，重要的在于消化那些经验成为自身的经验，说成“读书”，便把这个意思抹杀了，好像入学校只须做一些书本上的功夫。因此，说成“教书”，也便把我当教师的意义抹杀了，好像我与从前书房里的老先生并没有什么分别。我与从前书房里的老先生其实是大有分别的：他们只须教学生把书读通，能够去应考试，取功名，此外没有他们的事儿；而我呢，却要使学生能做人，能做事，成为健全的公民。这里我不敢用一个“教”字。因为用了“教”字，便表示我有这么一套本领，双手授与学生的意思，而我的做人做事的本领，能够说已经完整无缺了吗？我能够肯定地说我就是一个标准的健全的公民吗？我比学生，不过年纪长一点儿，经验多一点儿罢了。他们要得到他们所需要的经验，我就凭年纪长一点儿、经验多一点儿的份儿，指示给他们一些方法，提供给他们一些实例，以免他们在迷茫之中摸索，或是走了许多冤枉道路才达到目的——不过如此而已。所以，若有人问我干什么，我的回答将是“帮助学生得到做人做事的经验”；我决不说“教书”。

我不想把“忠”“孝”“仁”“爱”等等抽象德目向学生

的头脑里死灌。我认为这种办法毫无用处，与教授“蛋白质”“脂肪”等名词不会使身体得到营养一个样。忠于国家忠于朋友忠于自己的人，他只是顺着习惯之自然，存于内心，发于外面，无不恰如分寸；他绝不想到德目中有个“忠”字，才这样存心，这样表现。进一步说，想到了“忠”字而行“忠”，那不一定是“至忠”，因为那是“有所为”，并不是听从良心的第一个命令。为了使学生存心和表现切合着某种德目，而且切合得纯任自然，毫不勉强，我的办法是在一件一件事情上，使学生养成好习惯。譬如举行扫除或筹备什么会之类，我自己奋力参加，同时使学生也要奋力参加；当社会上发生了什么问题的时候，我自己看作切身的事，竭知尽力地图谋最好的解决，同时使学生也要看作切身的事，竭知尽力地图谋最好的解决：在诸如此类的事情上，养成学生的好习惯，综合起来，他们便实做了“忠”字。为什么我要和他们一样地做呢？第一，我听从良心的第一个命令，本应当“忠”；第二，这样做才算是指示方法，提供实例，对于学生尽了帮助他们的责任。

我认为自己是与学生同样的人，我所过的是与学生同样的生活；凡希望学生去实践的，我自己一定实践；凡劝戒学生不要做的，我自己一定不做。譬如，我希望学生整洁、勤快、

我一定把自己的仪容、服装、办事室、寝室弄得十分整洁，我处理各种公事私事一定做得十分勤快；我希望学生出言必信，待人以诚，我每说一句话一定算一句话，我对学生和同事一定掬诚相示，毫不掩饰；我劝戒学生不要抽烟卷，我一定不抽烟卷，决不说“你们抽不得，到了我们的年纪才不妨抽”的话；我劝戒学生不要破坏秩序，我一定不破坏秩序，决不做那营私结派磨擦倾轧的勾当。为什么要如此？无非实做两句老话，叫作“有诸己而后求诸人，无诸己而后非诸人”。必须“有诸己”“无诸己”，表示出愿望来，吐露出话语来，才有真气，才有力量；人家也易于受感动。如果不能“有诸己”“无诸己”，表示和吐露的时候，自己先就赧赧然了，哪里有什么真气？哪里还有力量？人家看穿了你的矛盾，至多报答你一个会心的微笑罢了，哪里会受你的感动？无论学校里行不行导师制，无论我当不当导师，我都准备如此，因为我的名义是教师，凡负教师的名义的人，谁都有帮助学生的责任。

我不想教学生做有名无实的事情。设立学生自治会了，组织学艺研究社了，通过了章程，推举了职员，以后就别无下文，与没有那些会和社的时候一个样——这便是有名无实。创办图书馆了，经营种植园了，一阵高兴之后，图书馆里只有七零八落的几本书，一天工夫没有一两个读者，种植园里蔓草丛生，蛛网处处，找不到一棵像样的蔬菜，看不见一朵有劲的花朵——这便是有名无实。做这种有名无实的事比不做还要糟糕，如果学生习惯了，终其一生，无论做什么事总是这样有名无实，种种实际事务还有逐渐推进和圆满成功的希望吗？我说比不做还要糟糕，并不是抱着多一事不如少一事的心思，主张不要成立那些会和社，不要有图书馆、种植园之类的设备。我只是说干那些事都必须认真去干，必须名副其实。自治会硬是要“自治”，研究社硬是要“研究”，项目不妨简单，作业不妨浅易，但凡是提了出来的，必须样样实做，一毫也不放松；有了图书馆硬是要去阅读和参考，有了种植园硬是要去管理和灌溉，规模不妨狭小，门类不妨稀少，但是既然有了这种设备，必须切实利用，每一个机会都不放过。而且，那绝不是一时乘兴的事，既然已经干了起来，便须一直干下去，与学校同其寿命。如果这学期干得起劲，下学期却烟消云散了，今年名副其实，明年却徒有其名了，这从整段的过程说起来，还是个有名无实，还是不足以养成学生的好习惯。

我无论担任哪一门功课，自然要认清那门功课的目标，如国文科在训练思维，养成语言文字的好习惯；理化科在懂得自然，进而操纵自然之类。同时我不忘记各种功课有个总目标，那就是“教育”——造成健全的公民。每一种功课犹如车轮上的一根“辐”，许多的辐必须集中在“教育”的“轴”上，才能成为把国家民族推向前进的整个“轮子”。这个观念虽然近乎抽象，可是很关重要。有了这个观念，我才不会贪图省事，把功课教得太松太浅，或者过分要好，把功课教得太紧太深。做人做事原是不分科目的，譬如，一个学生是世代做庄稼的，他帮同父兄做庄稼，你说该属于公民科，生物科，还是数学科？又如，一个学生出外旅行，他接触了许多的人，访问了许多的古迹，游历了许多的山川城镇，你说该属于史地科，体育科，还是艺术科？学校里分科是由于不得已，要会开方小数，不能不懂得加减乘除，知道了唐朝，不能不知道唐朝的前后是什么朝代，由于这种不得已，才有分科教学的办法。可是，学生现在和将来做人做事，还是与前面所举的帮做庄稼和出外旅行一个样，是综合而不可分的；那么，我能只顾分科而不顾综合，只认清自己那门功课的目标而忘记了造成健全的公民这个总的目标吗？

我无论担任哪一门功课，决不专作讲解工作，从跑进教室始，直到下课铃响，只是念一句讲一句。我想，就是国文课，也得让学生自己试读试讲，求知文章的意义，揣摩文章的法则，因为他们一辈子要读书看报，必须单枪匹马，无所依傍才行，国文教师绝不能一辈子伴着他们，给他们讲解书报。国文教师的工作只是待他们自己尝试之后，领导他们共同讨论——他们如有错误，给他们纠正，他们如有遗漏，给他们补充，他们不能分析或综合，替他们分析或综合。这样，他们才像学步的幼孩一样，渐渐地能够自己走路，不需要人搀扶；国文课尚且如此，其他功课可想而知。教师捧着理化课本或史地课本，学生对着理化课本或史地课本，一边是念一句讲一句，一边是看一句听一句。这种情景，如果仔细想一想的话，多么滑稽又多么残酷啊！怎么说滑稽？因为这样之后，任何功课都变为国文课了，而且是教学不得其法的国文课。怎么说残酷？因为学生除了听讲以外再没有别的工作，这样听讲要连续到四五个钟头，实在是一种难受的刑罚。我说刑罚绝非夸张，试想我们在什么会场里听人演讲，演讲者的话如果无多意义，很少趣味，如果延长到两三个钟头，我们也要移动椅子，拖擦鞋底，作希望离座的表示。这由于听讲到底是被动的事情，被动的事情做得太久了，便不免有受刑罚似的感觉。在听得厌倦了而还是不能不听的时候，最自然的倾向是外貌表示在那里听，而心里并不在听。这当儿也许游心外骛，一心以为有鸿鹄将至，也许什么都不想，像老僧入了禅定。叫学生一味听讲，实际上无异于要他们游心外骛或者什么都不想，无异于摧残他们的心思活动的机能，岂不是残酷？

我不怕多费学生的心力，我要他们试读，试讲，试作探讨，试作实习，做许多的工作，比仅仅听讲多得多，我要教他们处于主动的地位。他们没有尝试过的事物，我决不滔滔汩汩地一口气讲给他们听，他们尝试过了，我才讲，可是我并不逐句逐句地讲书，我只给他们纠正，给他们补充，替他们分析和综合。

我如果当大学教师，还是不将我的行业叫作“教书”。依理说，大学生该比中学生更能够自己看书了，我或者自己编了讲义发给他们，或是采用商务印书馆的《大学丛书》或别的书给他们作课本，他们都可以逐章逐节地看下去，不待我教。如果我跑进教室去，按照讲义上课本上所说的复述一遍，直到下课铃响又跑出来，那在我是徒费口舌，在他们是徒费时间，太无聊了，我不想干那样无聊的勾当。我开一门课程，对于那门课程的整个系统或研究方法，至少要有一点儿是我自己的东西，依通常的说法就是所谓“心得”，我才敢于跑进教室去，向学生口讲手划，我不但把我的一点儿给予他们，还要诱导他们、帮助他们各自得到他们的一点儿。唯有如此，文化的总和才会越积越多，文化的质地才会今胜于古，明日超过今日。这就不是“教书”了。若有人问这叫什么，我的回答将是：“帮助学生为学。”

据说以前的拳教师教授徒弟，往往藏过一手，不肯尽其所有地拿出来，其意在保持自己的优势，徒弟无论如何高明，总之比我少一手。我不想效学那种拳教师，决不藏过我的一手。我的探讨走的什么途径，我的研究用的什么方法，我将把途径和方法在学生面前尽量公开。那途径即使是我自己开辟的，那方法即使是我独自发现的。我所以能够开辟和发现，也由于种种的“势”，因缘凑合，刚刚给我捉住了，我又有什么可以矜夸的？我又怎么能自以为独得之秘？我如果看见了冷僻的书或是收集了难得的材料，我决不讳莫如深，绝不提起，只是偷偷地写我的学术论文。别的人，包括学生在内，倘若得到了那些书或材料，写出学术论文来，不将和我一样的好，或许比我更好吗？将书或材料认为私有的东西，侥幸于自己的“有”，欣幸于别人的“没有”，这实在是一种卑劣心理。我的心理，自问还不至这么卑劣。

我不想用禁遏的办法，板起脸来对学生说，什么思想不许接触，什么书籍不许阅读。不许接触，偏要接触；不许阅读，偏要阅读，这是人之常情，尤其在青年。禁遏终于不能禁遏，何必多此一举？并且，大学里的功夫既是“为学”，既是“研究”，作为研究对象的材料是越多越好；如果排斥其中的一部分，岂不是舍广博而趋狭小？在化学试验室里，不排斥含有毒性的元素，明知它含有毒性，一样地要教学生加以分析，得到真切的认识。什么思想、什么书籍如果认为要不得的话，岂不也可以与含有毒性的元素一样看待，还是要加以研究？学生在研究之中锻炼他们的辨别力和判断力，从而得到结论，凡真是要不得的，他们必将会直指为要不得。这就不禁遏而自禁遏了，其效果比一味禁遏来得切实。

我要做学生的朋友，我要学生做我的朋友。凡是在我班上的学生，我至少要知道他们的性情和习惯，同时也要使他们知道我的性情和习惯。这与我的课程，假如是宋词研究或工程设计，似乎没有关系，可是谁能断言确实没有关系？我不仅在教室内与学生见面，当休闲的时候也要与他们接触，称心而谈，绝无矜饰，像会见一位知心的老朋友一个样。他们如果到我家里来，我决不冷然地问：“你们来做什么？”他们如果有什么疑问，问得深一点儿的时候，我决不摇头说：“你们要懂得这个还早呢！”问得浅一点儿的时候，我决不带笑说：“这还要问吗？我正要考你们呢！”他们听了“你们来做什么”的问话，自己想想说不出来做什么，以后就再也不来了。他们见到问得深也不好，问得浅也不好，不知道怎样问才不深不浅，刚刚合适，以后就再也不问了。这种拒人千里的语言态度，对于不相识的人也不应该有，何况对于最相亲的朋友？

我还是不忘记“教育”那个总目标。无论我教什么课程，如宋词研究或工程设计，决不说除此之外再没有我的事儿了，我不妨纵情任意，或去嫖妓，或去赌博，或做其他不正当的事。我要勉为健全的公民，本来不该做这些事；我要勉为合格的大学教授，尤其不该做这些事。一个教宋词研究或工程设计的教师，他的行为如果不正当的话，其给予学生的影响虽是无形的，却是深刻的，我不能不估计它的深刻程度。我无法教学生一定要敬重我，因为敬重不敬重在学生方面而不在我的方面，可是我总得在课程方面同时在行为方面，尽力取得他们的敬重，因为我是他们的教师。取得他们的敬重，并不为满足我的虚荣心，只因为如此才证明我对课程同时对那个总的目标负了责。

无论当小学、中学或大学的教师，我要时时记着，在我面前的学生都是准备参加建国事业的人。建国事业有大有小，但样样都是必需的；在必需这个条件上，大事业小事业彼此平

等。而要建国成功，必须参加各种事业的人个个够格，真个能够干他的事业。因此，当一班学生毕业的时候，我要逐个逐个地审量一下：甲够格吗？乙够格吗？丙够格吗？……如果答案全是肯定的，我才对自己感到满意——因为我帮助学生总算没有错儿，我对于建国事业也贡献了我的心力。

我决不“外慕徒业”，可是我也希望精神和物质的环境能使我安于其业。安排这样的环境，虽不能说全不是我所能为力，但大部分属于社会国家方面，因此我就不说了。

1941 年 8 月 23 日发表

充实的健全的人

我们对中学生诸君进言，一向劝诸君自学，做“为己之学”。教师或旁人无论如何胜任，无论如何热心，总之不过在先做个引导，从旁做个帮助；脚踏实地一步一步学习上去，全靠诸君自己。学习又得跟整个生活打成一片，学得的一点一滴，必须化而为生活的营养料，才有受用。这些意思都浅近不过，就是没有人说，诸君自己想想也就明白。可是想明白跟照样做，其间还有一段距离。我们切望诸君想明白之后随即照样做，而我们与诸君之间的交通路线只凭刊载在本志（《中学生》）的一些文字，于是文字中就不免屡次提起这些浅近的意思，看来有些絮絮不休似的。愿诸君不要烦厌我们的絮絮不休，愿诸君鉴谅我们对于你们的忠诚。

我们想，需要充实的健全的人，再没有比现在更急切的了。就国内说，千万项的事业要兴办起来，无尽藏的资源要开发起来，学术文化至少要够得上世界一般的水准，工作服务至少要不缺乏我国传统的美德，这才能成就建国大业。就世界说，一班讨论战后问题的人差不多有相同的意见，就是：各国人都得有或多或少的革故更新，把思想改得更明澈些，把胸襟改得更阔大些，这才能和平相处，奠定世界新秩序的基础。要实现这些个，全靠充实的健全的人。少数人充实健全不济事。充实的健全的人愈多，成效愈大。请记住，现在是这样的一个时代。

咱们有整个的教育系统，从小学至大学有各种的学科，除了学科而外，有环绕咱们的事事物物，足以引起咱们的思维与觉解——这些个咱们都不比人家短什么，依理说，咱们的学习至少该像人家一样的好。假如咱们很少成就或竟没有成就，那一定是学习的精神上跟方法上出了毛病，虽然教师或旁人也不免要负点儿责，但主要的还在咱们自己。只有咱们不想把自己充实起来健全起来，学习的精神上跟方法上才会出毛病。如果感觉充实与健全的必要与急切，咱们的学习必然会走上正当的路子，收到应得的成效。

我们时常留心学校的成绩，不凭书面口头的标榜，不凭大略估量的统计，而从骨子里去看，不免感到前途未可乐观。

考卷是成绩，我们亲眼看见与听人说起的关于考卷的趣事与笑话（其实哪里是趣事与笑话！）太多了。考卷还只是成绩的小部分，要看整个莫如看人，人表现全部的成绩。看人的结果，我们不愿意具体地说，说来叫人短气，总之距离最低限度的期望还有一段儿。需要充实的健全的人，现在是这样地急切，而这样的人的增多，却不很看得见朕兆，若说忧患，该没有比这个忧患更大的了吧！

要给成绩不好作辩护，我们知道可以举出种种的理由，环境不良啊，设备不周

啊，心情不安啊，还有其他。可是，理由即使有一百种，也抵销不了学习者本身上的缺失，就是——不想把自己充实起来，健全起来。这种缺失不能弥补，所举种种理由即使不存在了，成绩也未必就会好起来。本身没有这种缺失，抱着“充实第一”“健全第一”的意志，必然能把有碍的种种理由克服，走上“自学”“为己之学”的途径，表现着完美的成绩。种种理由当然是客观的存在，可是我们以为不必引来辩护自己、宽慰自己，最要紧的是问问自己到底想不想把自己充实起来、健全起来。

想想吧，这个时代，这个国家，这个世界。学习，学习，所为何来？生活，生活，所为何来？这些虽是近乎哲理的问题，但做一个人，你要不含糊，不马虎，就必须解答这些问题。解答之后，充实自己、健全自己将是必然达到的结语。于是一切学习（不只限于学科方面）也将以全然不同于往日的精神跟方法来进行，结果完成个无愧于当世的人。人人都如此，咱们就没有忧患了，咱们的前途绝对乐观。

1943 年 10 月 5 日发表

略谈音乐与生活

学校里都有音乐功课，上课时候由教师教一两支歌。可是试在学生休闲时间留心，学生似乎一致排斥教师所教的歌，很少听见他们唱。他们宁愿哼些地方戏、地方歌曲、平剧、电影歌词，乃至英语歌曲。他们唱这些东西并不循规蹈矩，只是随意遣兴而已，譬如唱平剧，马马虎虎，翻翻复复念着“我正在城楼观山景”，就算在那儿唱了，其实这不成为唱，只能说是哼。

在集会的场合里，酒酣耳热，兴高采烈，往往有人被拉出来独唱。这些被拉出来的人往往是专门家，至少也得有一手。而与会的人齐声合唱的事却绝无仅有。仿佛正式开会的时候唱国歌，是因功令规定，不得不勉强敷衍，若能躲避，还是乐得不开口，至于自动的一齐合唱，那是从未梦想到的事，要说遣兴作乐，自有打趣说笑，猜拳赌酒那些办法在。

以上信笔写了些实况。根据这些实况，可见享受声乐这回事儿，在我国实在并不普遍。这一定是音乐教育方面出了什么毛病。我国自从施行新式教育就有音乐的课程，可是几十年来没有收到效果，一般人生活上得不到音乐的补益。教育家尤其是音乐教育家应该把其中的毛病找出来。咱们不该漫谈自夸，咱们中国自古是礼乐之邦；咱们应该认清实况，咱们现在是不会享受声乐的民族。出几个歌唱家，在都市里开几次独唱会，即使足与世界的名家并驾齐驱，也不能算是音乐教育的成功，必须一般人都受到音乐的滋养，能够唱，能够听，能够使生活进入更高更充实的境界，那才是成功。

音乐可以说是群性最充富的艺术。单就声乐来说，你唱一支歌，无论自编的或现成的，只要你认认真真地唱，当一回事儿唱，你就宣泄了你的某种感情。人家听了你的歌，声入心通，也引起了某种感情。这当儿，你跟人家不但形迹上在一块儿，而且感情上也融和起来了。不问那感情是欢乐还是哀愁，总之你并不孤单，你的欢乐有人分享，你的哀愁有人共鸣。再说合唱，许多人合着和谐的旋律，同唱一支歌，假若个个人认认真真地唱，当一回儿事唱，就人人会觉得“小己”扩大了，扩大而为同在合唱的“一群”，也可以说

“小己”融化了，融化在同在合唱的“一群”里头。感染，激动，团结，组织，都是人群间重要的事项，而音乐却有达成这些事项的直接作用。我虽然不懂音乐，可是就常识而言，我相信音乐教育必须特别着重它的群性，而一般人了解音乐，享受音乐，也必须特别着重这个群性。因为个人跟人家共哀同乐，小己扩而为大群，与大群融和。这就是生活进入了更高更充实的境界。

回忆抗战初起的时候，各地泛滥着“冒着敌人的炮火，前进！前进！”的歌声。唱的人不但用口来唱，而且用赤诚的心来唱，抗战的精神不久就普遍到“全面”了。这是音乐的群性作用收到效果的真凭实据。音乐若能在各方面多多利用，其效果自当不可限量。

我不说音乐高于一切，最最重要，可是我相信音乐也是一个重要的文化部门，跟它疏远了，在个人就缺少了一条进入更高更充实的生活的途径，在大群就缺少了一种感染、激动、团结、组织的力量，关系实在不小。这里把想到的一些写出来，希望声乐教育家跟读者诸君加意。

1944 年 4 月 1 日发表

习惯成自然

“习惯成自然”，这句老话很有意思。

我们走路，为什么总是一脚往前，一脚在后，相互交替，两条胳臂跟着动荡，保持身体的均衡，不会跌倒在地上？我们说话，为什么总是依照心里的意思，先一句，后一句，一直连贯下去，把要说的都说明白了？

因为我们从小习惯了走路，习惯了说话，而且“成自然”了。什么叫作“成自然”？就是不必故意费什么心，仿佛本来就是那样的意思。

走路和说话是我们最需用的两种基本能力。推广开来，无论哪一种能力，要达到了习惯成自然的地步，才算我们有了那种能力。不达到习惯成自然的地步，勉勉强强地做一做，那就算不得我们有了那种能力。如果连勉勉强强做一做也不干，当然更说不上我们有了那种能力了。

听人家说对于样样事物要仔细观察，才能懂得明白，心里相信这个话很有道理。这当儿，我们还不是已经有了观察的能力。

听人家说劳动是人人应做的事，一切的生活资料，一切的文明文化，都从劳动产生出来的，心里相信这个话很有道理。这当儿，我们还不是已经有了劳动的能力。

听人家说读书是充实自己的一个重要法门，书本里包含着古人今人的经验，读书就是向许多古人今人学习，心里相信这个话很有道理。这当儿，我们还不是已经有了读书的能力。

听人家说人必须做个好公民，现在是民主的时代，个个公民尽责守分，才能有个好秩序，成个好局面，自己幸福，大家幸福，心里相信这个话很有道理。这当儿，我们还不是已经有了做好公民的能力。

这样说下去是说不完的，就此打住，不再举例。

要有观察的能力，必须真个用心去观察。要有劳动的能力，必须真个动手去劳动。要有读书的能力，必须真个把书本打开，认认真真去读。要有做好公民的能力，必须真个把公民应做的一切事认认真真去做。在相信人家的话很有道理的时候，只是个“知”罢了，“知”比“不知”似乎好些，但仅仅是“知”，实际上与“不知”并无两样。到了真个去观察去劳动……的时候，“知”才渐渐化为我们的习惯，习惯成自然，才是我们的能力。

通常说某人能力不强，就是某人没有养成多少习惯的意思。譬如说张三记忆力不强，就是张三没有把看见的听见的一些事物好好记住的习惯。譬如说李四发表力不强，就是李四没有把自己的思想和感情说出来写出来的习惯。

习惯养成得越多，那个人的能力越强。我们做人做事，需要种种的能力，所以最要紧的是养成种种的习惯。

养成习惯，换个说法，就是教育。教育不限于学校，也不限于读书，学校教育只是教育的一部分，读书这件事也只是教育的一部分。我们在学校里受教育，目的在养成习惯，增强能力。我们离开了学校，仍然要从种种方面受教育，并且要自我教育，目的还是在养成习惯，增强能力。习惯越自然越好，能力越增强越好，孔子一生“学而不厌”，就为他看透了这个道理。

1945 年 7 月 16 日发表

两种习惯养成不得

在本志（《中学生》）第一期里，我说“习惯成自然”才是能力，一个人养成的习惯越多，他的能力越强。这一回要说的是习惯不嫌其多，有两种习惯却养成不得，除掉那两种习惯，其他的习惯多多益善。

哪两种习惯养成不得？一种是不养成什么习惯的习惯，又一种是妨害他人的习惯。

什么叫作不养成什么习惯的习惯？举例来说，容易明白。坐要端正，站要挺直，每天要洗脸漱口，每事要有头有尾，这些都是一个人的起码习惯，有了这些习惯，身体与精神就能保持起码的健康。但是这些习惯不是一会儿就会有的，也得逐渐养成。在没有养成的时候，多少要用一些强制功夫，自己随时警觉，坐硬是要端正，站硬是要挺直，每天硬是要洗脸漱口，每事硬是要有头有尾。直到“习惯成自然”，不待强制与警觉，也能行所无事地做去，这些就是终身受用的习惯了。如果在先没有强制与警觉，今天东，明天西，今天这样，明天那样，那就什么习惯也养不成。而这今天东，明天西，今天这样，明天那样，倒反成为一种习惯，牢牢地在身上生根了。这种习惯就是“不养成什么习惯的习惯”，最要不得。为什么最要不得？只消一句话回答：这种习惯是与其他种种习惯冲突的，养成了这种习惯，其他种种习惯就很少有养成的希望了。

什么叫作妨害他人的习惯？也可以举例来说。走进一间屋子，“砰”的一声把门推开，喉间一口痰涌上来了，“扑”的一声吐在地上，这些都好像是无关紧要的事。但是很关紧要，因为这些习惯都将妨害他人。屋子里若有人在那里做事看书，他们的心思正集中，被你“砰”的一声，他们的心思扰乱了，这是受了你的影响。你的痰里倘若有些传染病菌，“扑”的一声吐在地上，这些病菌就有传染给张三或李四的可能，他们因而害起病来，这是受了你的影响。所以这种习惯是“妨害他人的习惯”，最要不得。在“习惯成自然”之后，“砰”的一声与“扑”的一声将会行所无事，也就是说，妨害他人将会行所无事。一个人如果明了自己与他人的密切关系，不愿意妨害他人，给他人不好的影响，就该随时强制，随时警觉，不要养成妨害他人的习惯。不问屋子里有没有人，你推门进去总是轻轻的，不问你的痰里有没有传染病菌，你总是把它吐在手绢或纸片上，这样“习惯成自然”，你就在推门与吐痰两件事上不致妨害他人了。推广开来说，凡是为非作歹的人，他们为非作歹的原因固然有许多，也可以用一句话来包括，他们的病根在养成了妨害他人的习惯。他们不明了自己与他人的密切关系，他们不懂得爱护他人，一切习惯偏向妨害他人的方面，他们就成了恶人。如希特勒、墨索里尼、日本军阀，是头等的恶人，其他如贪官、污吏、恶霸、奸商，也都是恶人中的代表角色。这些恶人向来为人们所痛恨，今后的世界上尤其不容许他们立足。谁要立足在今后的世界上，谁就得深切记住，不要养成妨害他人的习惯。

习惯不嫌其多，只有两种习惯养成不得，一种是不养成什么习惯的习惯，又一种是妨害他人的习惯。

1945 年 11 月 16 日发表

书·读书

书是什么？这好像是个愚问，其实应当问。

书是人类经验的仓库。这样回答好像太简单了，其实也够了。

如果人类没有经验，世界上不会有书。人类为了有经验，为了要把经验保存起来，才创造字，才制作书写工具，才发明印刷术，于是世界上有了叫作“书”的那种东西。

历史书，是人类历代生活下来的经验。地理书，是人类对于所居的地球的经验。物理化学书，是人类研究自然原理和物质变化的经验。生物博物书，是人类了解生命现象和动植诸物的经验。——说不尽许多，不再说下去了。

把某一类书集拢来，就是人类某一类经验的总仓库。把所有的书集拢来，就是人类所有经验的总仓库。

人类的经验不一定写成书，那是当然的。人类所有的经验假定他一百分，保存在那叫作“书”的总仓库里的必然不到一百分，写成了书又会遇到磨难，来一回天灾，起一场战祸，就有大批的书毁掉失掉，又得从那不到一百分中间减少几成。

虽然不到一百分，那叫作“书”的总仓库到底是万分可贵的。试想想世界上完全没有书的情形吧。那时候，一个人怀着满腔的经验，只能用口告诉旁人。告诉未必说得尽，除下来的唯有带到棺材里去，就此永远埋没。再就接受经验的一方面说，要有经验，只能自己去历练，否则到处找人请教。如果自己历练不出什么，请教又不得其人，那就一辈子不会有太多的经验，活了一世，始终像个泄了气的皮球，瘪瘪的。以上两种情形多么可惜又可怜啊！有了叫作“书”的仓库，谁的经验都可以收纳进去，谁要经验都可以自由捡取，就没有什么可惜又可怜了。虽说不能够百分之百地保存人类所有的经验，到底是一件非常了不起的事情。人类文明发展到如今的地步，可以说，没有叫作“书”的仓库是办不到的。

仓库里藏着各色各样东西，一个人不能完全取来使用。各色各样东西太繁富了，一个人太渺小了，没法完全取来使用，而且实际上没有这个必要。只能把自己需用的一部分取出来，其余的任他藏在仓库里。

同样的情形，一个人不能尽读所有的书。只能把自己需用的一部分读了，其余的不去过问。

仓库里藏着的东西不一定完全是好的，也有霉的、烂的，不合用的。你如果随便取一部分，说不定恰正取了霉的、烂的，不合用的，那就于你毫无益处。所以跑进仓库就得注意拣选，非取那最合用的东西不可。

同样的情形，一个人不能随便读书。古人说“开卷有益”，好像不问什么书，你能读它总有好处，这个话应当修正。不错，书中包容的是人类的经验，但是，那经验如果是错误的、过时的，你也接受它吗？接受了错误的经验，你就上它的当。接受了过时的经验，你就不能应付当前的生活。所以书非拣选不可。拣选那正确的，当前合用的书来读，那才“开卷有益”。

所谓经验，不仅是知识方面的事情，大部分关联到实际生活，要在生活中实做的。譬如说，一本卫生书是许多人对于卫生的经验，你读了这本书，明白了，只能说你有了卫生的知识。必须你饮食起居都照着做，身体经常保持健康，那时候你才真的有了卫生的经验。

看了上面说的例子，可以知道读书顶要紧的事情，是把书中的经验化为自身的经验。随时能够“化”，那才做到“开卷有益”的极致。

1946 年 6 月 16 日发表

枯坐听讲

学校教育的毛病很多，有一种毛病不大有人想起，说穿了谁都会承认那是毛病。那是什么呢？就是让学生们坐在教室里的椅子上听教师讲说的办法。

自己曾经当过学生，坐在教室里的椅子上听教师讲说，又曾经当过教师，看学生坐在教室里听我讲说，都没有觉得什么。

抗战期间在四川，因为职业的关系，参观了一些中学校。参观当然包括参观上课，参观上课常常是参观整整的一节，跟教师学生同进同出。就在这个期间，我开始惊奇，学校教育有这么一种毛病，为什么大家一直没有觉察。

直挺挺地坐在那里，谁也不会维持很长的时间。曲一曲腿，伸一伸腰，当然觉得好些，但是接下去还是挺挺地坐在那里。桌椅之间那么局促，任你怎么坐也不得舒服。支着头，斜着身子，照理是不许可的，就是支着头，斜着身子，时间长久了，还不是疲惫得要命？

再说听讲。不要说讲的是课本上的东西，就算讲的最有趣的故事，譬如《天方夜谭》，或者唱的最好听的歌曲，譬如各人心目中所认为名家的所唱的名歌，连续听上一两点钟，大概也要厌倦了。老实说，课本上的东西必然比不上最有趣的故事、最好听的歌曲，可是学生们每天得听上五六点钟。若不说厌倦，岂非怪事？

于是在教室里，有茫然瞪着的眼睛，有勉强振作的脸色，也有东一眼西一眼，好似在搜寻什么神秘东西的，也有咬着嘴唇，防止口部的肌肉作怪，把呵欠打成了的。一般地说来，这时候“生命之流”虽不见得就此停止，至少也陷入半睡眠状态之中了。

幼稚园时期不算，一个学生从小学到大学毕业要多少年？小学六年、中学六年、大学四年，一共一十六年，不是个短时期啊！就算活到八十岁，一十六年就占去了五分之一。而这一十六年得消磨在坐在教室里的椅子上听教师讲说上！疲惫、厌倦，疲惫、厌倦，像两道纠缠无已的绳索，紧紧捆住学生的身心。人家往往夸说受教育是一种高贵的权利，但是，站在学生的地位，替学生设身处地想一想，就觉得受教育是一种刑罚。这种刑罚是没法补偿的，一十六年的疲惫与厌倦给与身心的影响将永远是人生的缺陷。

奇怪的是大家一直没有觉察，仿佛这期间一点儿没有问题似的，教育就是这样，这样才是教育。

做惯了的事就不再去多想，原是人类的老脾气。就我国的教育而言，我国的教育是抄袭外国的，外国通行让学生坐在教室里的椅子上听教师讲说，我国当然也这么办。这是最方便的逻辑。

如果摆脱了人类的老脾气，抛弃了最方便的逻辑，就会觉得“一十六年的疲惫与厌倦给与身心的影响将永远是人生的缺陷”的话不是瞎说。

坐在那儿听讲，不但不要肢体肌肉活动，而且不要精神心思自由活动，让精神思想被动地跟着教师的讲说活动。可是知能的长进得在相反的情形之下才多希望，就是说，精神心思越能自由活动，知能就越有长进，而且在许多方面，必须肢体肌肉与精神心思一致活动，才是真正的长进。唯其活

动不息，疲惫与厌倦无从进袭，生活才见得活泼泼的。现在把自由活动的门关了起来，招来了疲惫与厌倦，长进固然不能说绝对没有，但是有限得很。一十六年的时光就此耽误了，没有活泼泼地生活过来，岂不是追不回来的损失。习惯成自然，往后的年月也不很能够自由活动了，或者心意上很想努力奋发，可是实践上受习惯的牵制，终于自由活动不来了。这岂不是一误误到底，成了终生的缺陷？

凡是坐在教室里的椅子上听教师讲说的都将有这种缺陷，不过有的显著，有的隐微，有的不自察觉，还自以为受了教育值得矜夸，有的明知受累，心存追悔却已来不及。反过来说，假如学校教育不取那种办法，不取让学生们坐在那里听教师讲说的办法，学生们将受益得多。他们在学校里可以得到更多更切实有用的知能，他们出了学校，由于在学校里所养成的习惯，随时可以得到更多更切实有用的知能。

当然不需要关闭学校，也不必拆毁教室，也不用废弃课程的系统。只要不光让学生们坐在那里听，不光让学生们听教师的讲说，让他们在学习的当儿，肢体肌肉与精神心思一致地参加在里头自由活动，主动而不被动。让他们消泯学习与生活的界限，学习就是生活，并非生活的准备。

教育纲领哩，学制哩，课程标准哩，这些东西定得无论怎样完美，如果仍旧让学生们坐在那里听教师讲说，那就完美也是枉然，学校教育总之是学生们或重或轻的刑罚。

外国有一些试验学校，让学生自由活动，把听讲减到最低限度，而且不光听教师讲，往往是与教师研讨。又有一些学校，与工场混而为一，上课就是工作，工作的时候共同研讨。要谋改革，自然得走这条道路。但是这类学校数量并不多，大多数的学校还是老办法，让学生们坐在那里听老师讲说。即此一端如果武断一点儿说，足见外国的学校教育也不好。

我国要谋改革，现在时候总谈不到。每见儿童们、少年们、青年们上学去，想到一十六年的枯坐听讲，替他们难受极了，甚至想起了消极的念头：何必受教育呢？

1947 年 11 月 1 日发表

原题《工余随笔》

带点儿教育意味的事都一样

善于教育的父母教幼儿自己穿衣自己洗脸，做种种的事，只要是幼儿做得到的，至多给他们做点儿准备帮点儿忙，绝不替他们代劳。

为什么说这样做的父母善于教育呢？因为他们懂得独立生活对子女的重要意义，又能在子女的幼儿时期就用适当的方法培养他们独立生活的能力。所谓适当的方法，不难了解，也不难办，只要是子女做得到的，就让他们自己做，绝不代劳——如此而已。

幼儿成儿童，儿童成少年，少年成青年，培养连续不断，能力继长增高。不但能自己穿衣，而且能自己管理衣衫鞋袜了。不但能自己洗脸，而且能自己洗衣服自己收拾房间了。跑进公园，懂得怎样尽情地玩，也懂得怎样不妨碍人家的玩了。跑进市场能挑选自己需要的东西，又能顾到节约、实用、优良这些条件了。客人来了，能亲切地招待，无论谈一件事情，说一段闲话，都能表达真诚了。到什么地方去旅行，怎样买车票买船票，怎样投宿，怎样照顾行李，怎样采风问俗，能都头头是道了。

上边说的只是举几个例子，要把一切说尽是办不到的。能这样能那样的总和是什么呢？不就是有了独立生活的能力吗？ 换一句通常的话说，不就是会料理个人生活吗？

人人会料理个人生活，当然对自己有很大好处，而且不仅对自己有很大好处。这个道理极浅显，不必多说。

但是，现在有一部分青年不会料理个人生活。谁都可以从自己熟识的青年朋友里头想到一两个，就拿上边提起的几项事情来说，他们未必能样样都做到家。

不会料理个人生活，岂止不会料理个人生活而已，连上边提起的几项事情也不能样样都做到家的人，试问，装了满脑子的知识，能把知识灵活地运用吗？走上了什么工作岗位，能把工作胜任地做好吗？恐怕未必吧。料理好这些看来似乎很琐屑的日常生活，要运用各色各样的知识，要作切切实实的锻炼。这一方面既不成，那一方面能保一定成吗？

这儿不准备说，青年朋友如果发觉自己不会料理个人生活该怎样着急，怎样努力补救。这儿只想说，既然有一部分青年不会料理个人生活，教育青年帮助青年的人不能不动动脑筋，找些有效的办法来补救。

在学校里，在少年青年团体里，号召和说道理的讲说是并不少的。不信，可以随便找个少年或是青年来问，他准会回答你，“要学会料理个人生活”，“为什么要学会料理个人生活”，这样的讲说听得发腻了。但是听了讲说不保证准会料理个人生活。因为料理个人生活跟其他的工作一个样，要动手动脑筋，如果手和脑筋贪图休息，所听的讲说再多也不起作用。

还有一种办法恐怕也不起多大作用，就是靠集体的监督。有些团组织号召青年花钱互相监督，把钱存在别人处，可以说是这方面的极端的例子。这种办法大概跟古语所谓“蓬生麻中，不扶自直”意思相同，可不能保证绝大多数都是麻，只有极少数是蓬。这种办法还有个缺点，不相信每个人能独立做好什么事，所以学习要大伙儿一齐来，修养要大伙儿一齐来，甚至料理个人生活也要大伙儿一齐来；不知道这些事情固然可以交流经验，彼此提意见，但是实做起来，非各人自己动手动脑筋不可，旁人一点儿也不能代劳。

教育青年帮助青年的人是不是可以在这样那样的讲说之

外，相信青年能独立做好什么事呢？完全可以，例证也不难找，只要看善于教育幼儿的父母。要是他们不相信幼儿能自己穿衣，自己洗脸，那么，他们的子女逐渐长大起来，非但不一定能把衣服穿整齐，把脸洗干净，连其他种种的事也不一定能自己料理了。

让青年自己动手动脑筋，料理个人生活吧。只给他们做点儿准备帮点儿忙，不要超过这个限度吧。

给他们做点儿准备帮点儿忙，最重要的该是“身教”。这就是说，教育青年帮助青年的人自己要善于料理个人生活。凡是带点儿教育意味的事都一样：自己做不到的，别叫人家做，自己教人家，要想收到效果，就得自己做出榜样来。如果团组织的干部全都严格要求自己，做到善于料理个人生活，那就是开风气，立榜样，对青年是最有效的准备和帮忙。

1956 年 8 月 29 日作

“瓶子观点”

一个空瓶子，里边没有东西。把什么东西装进去，就不是空瓶子了。装得满满的，就是实瓶子了。

不知道从什么时候起，我们爱把受教育的人看成瓶子。瓶子里短少些什么，就给装进些什么。譬如，发觉思想政治教育不够好，立刻想到恢复政治课；发觉学生的劳动观点不怎么强，他们不怎么热爱劳动，立刻想到在语文课里补充些“劳动教材”（有关劳动模范、先进生产者之类的文章）。这样做法，目的很明显，愿望很单纯。把政治课装进瓶子，思想政治教育就见成效了，把“劳动教材”装进瓶子，学生就加强劳动观点，热爱劳动了。

仔细想想，恐怕并不是这么一回事。

说唯有政治课能收思想政治教育的成效，言外之意就是

其他学科跟思想政治教育不大发生关系，至少收不到什么成效。依我的想法，其他学科跟思想政治教育都有关系，只要教得好，都能收思想政治教育的成效。不着眼在其他学科上，光把希望寄托在政治课上，政治课也会像其他学科一样，收不到思想政治教育的成效。

认为多读几篇“劳动教材”就可以加强劳动观点，热爱劳动，倒过来说，不就是学生所以不爱劳动，在乎少读了几篇“劳动教材”吗？天下事有简单到这般地步的吗？依我的想法，读几篇“劳动教材”固然没有害处，可是也起不了多大作用。我相信这是习惯的问题，是生活实践的问题。学生劳动的习惯，应该而且可能在各学科的学习中养成，在课外的各种活动中养成，逐渐养成，不断实践，这才能够终身以之。

正因为把学生看成瓶子，“装进些什么”的想头不召而自来。怎么“装”？一方面讲一讲，一方面听一听，在一讲一听之间，东西就装进了瓶子。东西既然装进了瓶子，瓶子里既然装进了东西，不是立刻会起作用吗？这诚然是个好意的愿望，可惜这样的愿望不免要落空。

瓶子是装东西的，当然不会独立思考。我们且不要责备学生不怎么善于独立思考，先得反省反省，我们的“瓶子观点”是不是学生不怎么善于独立思考的原因之一。

瓶子是装东西的，东西装在瓶子里，东西自东西，瓶子自瓶子，不起什么混合作用或是化合作用。两种作用都不起，还有什么旁的作用呢？于是巴望起作用的愿望落空。

我们有个好传统，求知识做学问要讲“躬行实践”，要讲“有诸已”。知识学问不是装饰品，为了充实生活，为了做社会里一个有意义的人，为了社会的进步和发展，所以我们要求知识做学问。小学生中学生学的东西虽然浅，道理也一样。因此，什么东西都不能装了进去就算，装了进去考试能得五分也未必就好，必须使所学的东西融化在学生的思想、感情、

行动里，学生的思想、感情、行动确实受到所学的东西的影响，才算真正有了成效。这不是“装”的办法所能做到的，这必须用名副其实的教育。讲一讲，听一听，固然也有必要，可是一讲一听不就等于教育。运用种种方法，使学生能够把助学的东西化为自身的东西（这就是“有诸已”），能够“躬行实践”，才是名副其实的教育。

我们现在有“学以致用”“联系实际”的说法，就是从我们的好传统来的。“瓶子观点”跟这些说法不对头，换句话说，名副其实的教育不是这么一回事，可是“瓶子观点”时时的露脸，很活跃似的，不免杞忧，于是写这篇短文。

1957 年 5 月 24 日作

晴窗随笔（节选）

近年来不能集中心思想些什么，写些什么，稍稍用心就不得安眠，好几天不舒服。去年初夏割除胆结石之后尤其如此。但是做不到什么都不想，有时想的还不少，此灭彼起，连续不断。有些想头当时自以为还有点儿意思，可是过后回想，再也想不起来。于是想到写随笔，在想的当时马上把它抓住，记在纸上，不限长短，不计工拙，以备他日查考。他日如果发现错误，再来改正。

视力衰退，年来更甚。看书报眼镜和放大镜并用，还是不清不楚。写些什么不能两镜并用，只得在写了一句或者一行之后，拿起放大镜来检查有没有脱漏或者笔误，还得靠阳光。现在是冬季，上午九点到午后四点这一段时间里如果晴朗，对我就较为方便。假如“多云间阴”或者“阴转多云”，那就两镜并用也不济事，只好不写。因此，我的随笔叫作《晴窗随笔》。

德智体三育

学生入学受三育：德育，智育，体育。

三育要全面发展，不宜偏颇。前些时有个习用语叫作“智育第一”，是含有贬义的，“第一”二字表达偏重的意思。

仔细想想，只要教师按照教育的道理教，学生按照教育的道理学，非但不会有偏重的毛病，而且能收到一箭双雕的实效。一箭双雕是个比喻，指教学活动中同时发展了两育或者三育。

课堂里的各门功课都是智育。

但是，学习任何功课都要求严肃认真。譬如做几个练习题，一要力求其不错，二要尽可能迅速。做一回实验，点个酒精灯，拿个试验管，倒几种应用的液体，写一份实验报告，都得按照一定的程式，丝毫不容马虎。练一回作文，必得写自己理解的事物或者道理，不能把空话假话乱写一通。诸如此类，不是都跟德育相关吗？

体操自然是体育了。

但是，体操同样要求严肃认真。譬如排队必得排齐，横行直行都得排成一直线。伸手臂必得伸直，弯腰该弯多少度必得弯到多少度。诸如此类，就跟德育有关联了。

各种体育竞技自然也是体育。

但是，参加体育竞技，平时要锲而不舍，勤奋锻炼，临场要全神贯注，勇往直前，临了要能够胜不骄而败不馁。我国参加国际体育竞赛，提出的口号是“友谊第一，比赛第二”。诸如此类，岂不是德育方面的要求吗？

如果不以知其然为满足，还要知其所以然，最浅近的如排队排齐对集体有什么好处，手臂伸直，弯腰合度，对体格有什么好处，比较深奥的如提出“友谊第一，比赛第二”的口号为的是什么，那又关涉到智育了。

有没有单纯的空无依傍的德育？

似乎没有。德育总跟智育或者体育结合在一起。

认真学习本国历史和世界历史，认真学习本国地理和世界地理，才能真正懂得祖国之可爱，社会主义之好。认真学习数、理、化、生，才能真正下定决心，为四个现代化献身。

例子无须多举，不妨总括地讲，学生是从各项训练中，从各门功课的学习和实践中，逐渐形成他们正确的世界观的。世界观虽然被认为德育，但是绝不会凭空形成。世界观的形

成必得通过跟事物密切相关的智育和体育，

末了再加记一笔：如果教师学生双方都按照教育的道理做，那么三育的关系大致如此。我这回想的就只是这一点意思。

1979 年 12 月 27 日作

讲和教

关于课堂里教师的讲，经常听见的有两个说法，一个是“讲深讲透”，再一个是“精讲多练”。“讲深讲透”专就教师方面说；“精讲多练”说到两方面，教师自己要“精讲”，同时要让学生“多练”。

我想，“讲深讲透”虽然专就教师方面说，但是教师胸中总得有学生，因为学生是教师的服务对象。所谓“深”和“透”都是漫无边际的，胸中有学生，就该立个标准，或者定个范围。譬如说，通过教师的讲，凡是学生应该理解的东西，学生真正理解了，这就是“讲深讲透”了：这样限定一下好不好？限定一下很有必要，一可以避免过于求深，不切实际，二可以避免多所讲说，流于烦琐。

再就“精讲多练”想，我以为这个“精”字也漫无边际，似乎可以照前边说的，作同样的限定。至于“多练”，确乎极重要，不经过多练，理解的东西不容易化为熟练的知能和终身的习惯。要学生多练，又要不增加学生额外的负担，似乎不太容易，关键在教师怎样指导学生练习。如果真能做到循序渐进，引导学生脚踏实地一步一步走，练习的方式又多种多样，提个恰当的问，促使学生在关键要点上想一想，也都是练习，不限于写在作业本上，那就不至于增加学生额外的负担了。

我又想，假如“深”“透”“精”都以使学生真正理解应该理解的东西为限，还有个方法上的问题。开门见山就讲是一种方法，让学生先来思考一番，像旧时教授法所谓“引起动机”那样，然后给他们讲，又是一种方法。如果设计得好，引起动机真正切合学生求知的欲望，那么这种方法比较好。为什么？因为学生先经过思考一番然后听教师的讲，必然专心致志，印入就比较深，言者谆谆，听者藐藐的情形，当然绝不会有了。

孔子的想法更进一层，他不仅主张让学生先思考一番，而且要在学生思考而碰壁的时候老师才给教。他说：“不愤不启，不悱不发。举一隅不以三隅反，则不复也。”一般的解释，“愤”在这儿是想不通的意思，“悱”在这儿是说不清楚的意思，“隅”是四方形的一个角，“反”在这儿是推知的意思。把这两句话说成现代话，大致是“不到他想不通说不清楚的时候不启发他。教给了他一个角，他却不能由此推知其他三个角，就不再教他了”。

从这两句话看，可见孔子极重视学生的主观能动性。学生自己想得通的，说得清楚的，自然不必教。想不通了，说不清楚，这就是碰了壁了，其时学生心头的苦闷多么厉害，要求解决的欲望多么迫切，可想而知。在这种情况下受老师的教，真好比久旱逢甘雨，庄稼就会蓬蓬勃勃地滋长。孔子又强调学生能“以三隅反”，甚至说“不以三隅反”就不再教他了，似乎有点儿过火。我想孔子这第二句话可能是正话反说，意思是在学生碰了壁的时候才给教，学生不仅容易豁然贯通，同时也加强了主观能动性，因而一定能“以三隅反”了。

学生的主观能动性不断发展，将会达到这样一个境界：在事事物物中，随时随地能够发现问题并且解决问题。这样的人才是任何工作任何行业最为需要的。我恳切期望老师们向这方面着力。

1980 年 1 月 7 日作

考　试

学校里为什么要考试?

自然为了要知道学生学习的成绩怎么样。学生学了一段时期，对于所学的东西理解得透不透，练习得熟不熟，教师要在心中有个数，所以要考试。

这样回答当然不错。可是教师天天跟学生在一起，课堂里时常向他们提问题，让他们作练习，课外除了给他们安排适当又适量的作业，还在共同生活中经常跟他们接触，因此，他们对于所学的东西理解得透不透，练习得熟不熟，教师心中应该早就有数，不待考试而知。那么为什么还要考试呢?

那只能这样回答：在教了较长一段时期之后，要更明确地知道学生学得怎么样，所以要考试。假如这样的回答可以满意，那么有个期终考试，或者加个期中考试，就够了，再不用有别的考试了。

考试光是考查学生学得怎么样吗？是不是还有一个目的，教师对于自己的优点和缺点，成功和失败，也要通过考试使自己心中

有个数呢？

我想，这等于说考试不仅是考学生，同时也是教师考自己了，恐怕未必人人想得到吧。但是我又料想，总有一部分教师一向这么想的。他们从经验中知道设想跟实践往往不一致，估计和准备往往会疏忽，因而经常边教边省察，见到成效固然可喜可慰，见到错失就赶紧用心钻研，谋求改进，以期更好地为学生服务。这样认真负责的教师一定会把考试看作同时也是考自己的。

考试过后，教师知道学生学得怎么样了，谁谁谁“优”“良”“中”“可”“劣”或者谁谁谁各得多少分数评出来了，事情是不是就此完了呢？

事情并没有完，还有非干不可的。对于“中”以下的或者六十分以下的学生，总得多动些脑筋，多花些功夫，使他们下一届考试的成绩不再在“以下”之列呀。学校固然没有标榜“本校培养出来的一定是优等学生”，但是就教育事业的全局而言，或者就学生个人的发展而言，学校都得保证学生的成绩不在“以下”之列。

假如拿工厂里的成品检查来比学校里的考试，似乎有点儿不伦不类，但是可以借此说明问题。考试跟成品检查不一样。成品检查查出了次品，只要设法处理这些次品，并注意往后不再出次品就成了。考试考出了次品可不能同样办理，必得把次品本身转化为非次品才行，决不能说个“往后不再”了事。那怎么办呢？如果是期终考试查出来的，可以在下一个学期对他特别注意，如果是毕业考试查出来的，就比较为难，可是总得想些补救办法才对得起他呀。无论特别注意或者想些补救办法，总得深入研究，耐心诱导，让他们凭自己的能动性取得进步，如果仿效饲养北京鸭的方法，那是绝不会见效的。

以上只就通常的考试而言。考试还有种种新花样，摸底考试，模拟考试，分片会考，全区会考，可能还有我不知道的其他名目。这些考试目的何在，要考查什么，我完全不清楚，只好不谈了。

1980 年 1 月 24 日作

再谈考试

前一则随笔谈考试。今天想想，还有可以谈的，再写一则。

考试跟平日课堂发问和课内课外练习既是同类的事，按理自该同样看待。在平日，教师要问就问，要让做练习就让做练习，学生则据所知所想回答，按题目认认真真地做练习，彼此的活动都像流水那样，活泼，平静，没拘束，不紧张。那么考试也应该这样，彼此都不把它放在心头，挂在口头，当作特殊事项看待。

再说，按照我在前一则随笔里所说，考试是学校和教师的需要，并非学生的需要。学校和教师要知道学生学得怎么样和教师教得怎么样，发现学得不怎么好的学生还要想方设法使他转好，所以要考试。而在学生呢，按大道理小道理说，学习的目的可以列出好些个，可是谁也不会提出“为考试而学习”的怪口号。因此，如果说应该把考试放在心头，那也只是学校领导和教师的事。放在心头已经够了，挂在口头却大可不必，非但大可不必，而且会起很不好的作用。

我这么想，自以为并非杞人忧天，我是依据并不太多的见闻才这么想的。“要考试了，大家赶紧准备啊！”说法各有不同，总之是这么个意思，时常从老师的口头传进学生的耳朵。开家长会的时候，老师总要报告全班学生的成绩，得多少分的各占百分之几，同时总要恳请家长共同督促，使得分不多的孩子努一把力，往后得到较多的分数。于是考试和分数不仅放在学生心头，同时也放在家长心头了。不要说“为考试而学习”是个怪口号，只怕已经有不少的学生和家长真的相信学习的目的就在于考得好，得到多量的分数了。再加上名目繁多的考试，更使人加强这种信念。这么多的考试关，非一个一个通过它不可啊！努力吧，为考试为分数而使劲学习吧！这种情形，就教育的道理着想，是不能令人乐观的。

考得好，分数多，固然是学习得好的证明，可是绝不该把考试认作学习的目的。如果把考试认作学习的目的，会有怎样的后果呢？我想，那就会在学生心头形成压迫之感，好像欠了还不清的债，总不得轻松舒坦，这是一。（我希望心理学者研究并测验，这种压迫之感对学生的学习是否有损害？如果有，有多大？）其次，可能使学生把所学的东西看作敲门砖。假如真看作敲门砖，那么不管敲得开敲不开，手里的砖总是要丢掉的。第三，可能有极少数的学生存着想头，采取些不正当的手段来应付考试。那更是有关品德的问题了。

所以我老在心头祝愿，学校和老师期望学生全都学习得好，这种期望是非常值得铭感的，但是千万不可拿考试和分数来做鼓励学习的手段。鼓励学习，无须外求，就在指导学习之中使学生受到鼓励，可能最有实效。循循善诱，教学相长，学生如坐春风，如入胜境，自然乐于学习，勤于学习。思考问题，试作实验，老师只给简要的提示，学生须作艰辛的努力才得解决，当解决的时候，学生的欢快好比爬上了峨嵋的金顶，正是继续努力的推动力。我料想，这样的佳况在好些学校里已经实现，而在不远的将来，由于全体教育工作者的勤勉，将会普遍实现。

那时候当然还是要考试，还是要计算分数，但是大家绝不把考试和分数挂在口头了。学生将会把考试看得稀松平常，今天考也好，明天考也好，不藐视也不重视，只是个我行我素。为什么能够如此？因为他们越是认真学习，越能明白学习的目的究竟是什么。

1980年1月27日作

“非重点”

姐妹两个，姐姐是初中二年生，妹妹是小学二年生。寒假前期终考试完毕，学校里的成绩小册子发下来了。姐姐成绩列全班第一，只有两科评为“良”，其他全是“优”。妹妹也不错，不过轮不到第一。姐姐并没有说什么得意的话，只在神态之间有点儿飘飘然。妹妹相当敏感，嘴也锋利，她朝姐姐说：“别这么神气，在重点中学里，只怕要考到尾巴上去了。”妹妹的小学也不是重点，她对自己考得还不错没有什么表现，无从知道她心里怎么想。

光从妹妹这句简单的话，可以引出好些问题，不是始料所及的。

从妹妹的这句话，可见“重点”“非重点”的差别已经深深刻在她心上，而且断定“非重点”不如“重点”，总归低人一等，不甚光彩。

常话说“一滴水可以知大海”，这个妹妹这么想，许许多多弟弟妹妹不会同样这么想吗？那就是个值得严重注意的问题了。假如好些弟弟妹妹齐声说：“我们愿意好好学习，天天向上，因而不甘心在‘非重点’。”那将怎样切实而且恳挚地回答他们呢？恐怕不能责备他们不应该抱平均主义吧。

再说老师，难道不会跟上边说的弟弟妹妹那样，怀有类似的想头吗？

还有学生和老师以外的其他人，经过耳濡目染，难道不会印象深刻，分别看待，认为确然是此高彼低吗？

还有文件里和报上的评论里常见“必须把重点学校办好”的话，这固然是有必要才说的，可是这句话只能从正面看，不能从反面想。假如从反面想，就是非重点学校无妨不办好，那显然不是文件和评论要说的意思。不过这句话无意中透露了对“非重点”要求从宽，也是真的。

我想，提出重点学校的办法，而且有各级的重点，这就是通常说的集中力量打歼灭战的意思，自是教育战线上的好谋略。我恳切期望这个办法成功，培养出大批全面发展、学能致用的优秀人才。对“非重点”却不免杞忧，由于想起那个妹妹的一句话就来写这则随笔。跟“非重点”直接相关的有那么多的人，他们实际上不如“重点”，心理上难免有委屈之感。该怎样开诚布公跟他们说清楚，“非重点”绝非不重要，让他们消释委屈之感呢？此外更多的人虽然并不直接相关，却是个舆论的海洋。该怎样实事求是，明白晓畅，跟他们说清楚分别“重点”“非重点”究竟是怎么一回事呢？我以为这两项都是必须认真对待的。

我又想，五中全会公报里说要“确定适合国民经济发展需要的教育计划和教育体制”，那时候可能会就“重点”“非重点”的区别重新考虑，确定的结果可能会使我所虑的真成为徒然的杞忧吧。我希望如此。

1980 年 4 月 11 日作

体育·品德·美

我曾经想过，空无依傍的德育似乎是没有的，德育总跟智育或者体育结合在一起。教育工作者严肃认真地在智育和体育方面下功夫，那么受教育的学生不但长进了智力，强健了体质，同时也提高了道德品质。

此刻我想起了另外一个育——美育。蔡元培先生曾经主张以美育代宗教。五十年前学校里有童子军组织，标榜德智群美体五育，也提到美育。

要不要给德智体三者加上个美育，成为四育呢？

我凭常识着想，认为美确乎必须重视，但是不必另立一项，可以把它包括在德育里头。为什么？跟德育一样，空无依傍的美育似乎也是没有的，这是一。假如把道德品质这个概念的范围扩大些，那么德育是个大圈圈，美育是个可以包容在里面的小圈圈，这是二。多立名目未必就多见实效，德智体三育既经公认，通行已久，就不须更改了，这是三。

贤明的父母都注意训练孩子，坐要坐得正，站要站得直。孩子进了幼儿园，进了小学，保育员和老师同样地注意训练他们，于是养成了一种好习惯。这种习惯为什么说它好？因为坐正站直合乎身体的自然，肌肉骨骼都不扭曲，所有内脏不受压迫，是个最有利于健康的姿势。这是就体育方面而言。如果就德育方面说，坐正站直就是有礼貌，坐没坐相，站没站相，就是没有礼貌。假如要另外提出个美育，而就美育方面来说，那么坐正站直就是美，坐没坐相，站没站相，就是丑。

习惯于整齐清洁，必然厌恶杂乱邋遢的丑；习惯于遵守秩序，必然厌恶胡闹捣乱的丑。例子无须多举，总之美和丑的辨别力要经过训练才能获得，而训练是离不开具体的事事物物的。还有一点，美的事物往往同时是合乎道德的，而不道德的事物绝不美，一定丑。

能辨认坐正站直的美，从此推广开去，就能懂得体操的时候，伸腿，举胳膊，弯个腰，转个身，唯有按照规定的法式做，丝毫也不马虎，那就是最美的姿势，同时也最有利于健康。一个人参加在几百几千甚至万把人里头做体操，每个动作跟所有的人完全一致，这当儿仿佛没有我了，我跟所有在场的人融化在一块了；又仿佛我扩大了，所有在场的人就是一个我了：这是多么美的境界呀！感觉到这样的境界多么美，同时在道德品质方面自必有所提高。

再推广开去想，各种运动项目如跳木马、翻单杠双杠、自由体操、游泳，等等，在受训练的时候，都必须按照规定的法式做。这比坐正站直繁复多了，却有个共同之点，就是必以规矩，不容随便。先是按照法式练习，既而熟能生巧，各显其妙。从观众的眼睛用比喻来说，或者像飞跑猛跳的骏马，或者像攀崖越壑的猿猴，或者像希腊神话里叙写的神灵，或者像敦煌石窟里描绘的飞天。总言一句，观众觉得好看极了，得到了高度的美的享受。

跳木马、翻单杠双杠之类还只是技术，进而至于舞蹈，那是艺术了。在人们的意念中，艺术高于技术，艺术必得含有充分的美，而舞蹈正是各项运动中最含有充分的美的。试看舞蹈名家的表演，瞬息变化，每一瞬间都显出形象美和节奏美，就细微处说，每一个手指的屈伸，每一霎眼波的流动，都跟全身的活动相一致，叫人觉得差一点儿就不行，唯有这样最合式，最美。若问舞蹈名家何以能够达到这样神妙的地步，还不是勤学苦练，从基本功逐步进展而来的吗?

老话说:“不以规矩，不能成方圆。”我以为从小孩的坐正站直到舞蹈家的练基本功是同类的事，都是“以规矩”；成为有礼貌的孩子跟成为具有高度艺术的舞蹈家是同类的事，都是“成方圆”。

这一回只就体育方面谈谈美。往后再就别的方面谈。

1980 年 4 月 25 日作

叶圣陶生平简编

1894 年

10 月 28 日，出生于江苏省苏州市悬桥巷一个平民家庭，名绍钧。父叶仁伯，为人管账；母朱氏，理家。

1901 年　七岁

本年起，在张元仲设立的私塾读书，与顾颉刚是同学。课余常随父亲去听说书。

1911 年　十七岁

7 月，在《妇女时报》发表第一篇论文《儿童之观念》。

1912 年　十八岁

春，为维持家计，在苏州城里干将坊言子庙初等小学二年级任教员。

1915年　二十一岁

秋，经由郭绍虞介绍，到上海商务印书馆附设的尚公学校（小学）教国文，并为商务印书馆编小学国文课本。

1919年　二十五岁

2月，应顾颉刚、傅斯年、罗家伦等邀请，在《新潮》发表新诗《春雨》和短篇小说《这也是一个人》(收入《隔膜》时改题为《一生》)等，标志着叶圣陶正式以“为人生”的文艺创作加入了“五四”新文化运动和文学革命运动。

1921年　二十七岁

1月4日，与周作人、沈雁冰、郑振铎等十二人发起，在北京成立文学研究会，共同举起“为人生”的现实主义文学旗帜。

1922年　二十八岁

1月7日，郑振铎主编的《儿童世界》创刊，叶圣陶积极支持。自1921年11月15日起，写《小白船》《燕子》《一粒种子》等九篇童话，均在《儿童世界》刊出。这是叶圣陶童话创作的开始，也是中国新文学史上童话创作的一个良好的开端。

同月，第一部童话集《稻草人》由上海商务印书馆初版印行。

1929年　三十五岁

9月5日，作童话《古代英雄的石像》，开始了童话创作的第二个高潮。

1931 年　三十七岁

6 月，第二部童话集《古代英雄的石像》由开明书店初版印行，为“开明少年丛书”之一。收童话九篇，丰子恺插图，书后附丰子恺的读后感。

1934 年　四十岁

3 月，《多收了三五斗》由鲁迅和茅盾编入中国现代作家短篇小说集《草鞋脚》。该书由伊罗生译成英文，1974 年由美国麻省理工学院出版社出版。

1936 年　四十二岁

3 月，《圣陶短篇小说集》由上海商务印书馆初版印行，编入文学研究会丛书，收小说二十八篇，这是叶圣陶第一种自选小说集。

1937 年　四十三岁

2 月，文艺评论集《文章例话》由开明书店初版印行，至 1949 年 3 月共印十一版。

1939 年　四十五岁

3 月 28 日，任《中学生》杂志社社长。

5 月 5 日，《中学生》杂志改为《中学生战时半月刊》，在桂林复刊，叶圣陶任杂志社社长。

1947 年　五十三岁

7 月，撰《少年国语读本》（共四册），由开明书店初版印行。其内容切近少年生活，文字精当流畅，富于文艺情趣，少年需用的文体大体齐备，可作为写作的范本。

1948 年　五十四岁

1 月，亲自编选的《叶圣陶文集》由上海春风书店出版。

8 月，撰《儿童国语读本》（共四册），由开明书店出版。

1954 年　六十岁

12 月，自选修订《叶圣陶短篇小说集》，由人民文学出版社出版，收入《一生》等二十三篇小说。

1959 年　六十五岁

《叶圣陶选集》由人民文学出版社出版，收入《人生》等小说三十七篇、《登雁塔》等散文十篇。

1979 年　八十五岁

8 月，《叶圣陶童话选》修订本由中国少年儿童出版社出版。

1980 年　八十六岁

8 月，《叶圣陶语文教育论集》由教育科学出版社出版，共收入有关论文、评论、杂文一百一十二篇，书信三十六封。

1988 年　九十四岁

1 月 22 日发病，当晚住进北京医院。

2 月 16 日晨抢救无效，八点二十分病逝。

叶圣陶
青少年文库

（童话卷一）
稻草人

这是现当代中国童话的开荒之作，是“为中国童话开了一条自己创作的路的”。叶圣陶的童话结合时代的特征，富有想象力，语言简洁，内容深刻，富含哲理。

（童话卷二）
玫瑰和金鱼

收录了叶圣陶创作的经典童话，充满童趣，意蕴深厚，与社会现实紧密结合，充分反映了“文学为人生”的创作宗旨。

（诗歌卷）
蒲公英

收录了叶圣陶用最质朴的语言、最生活化的诗意，为我们谱写的最天然的诗歌，也是影响几代人的最具音律感的睡前歌谣。

（散文卷一）
没有秋虫的地方

收录了叶圣陶早期的经典散文，内容丰富，题材各异，从一个侧面反映了作者的思想感情及创作风格，非常值得品读。

（散文卷二）

我坐了木船

收录了叶圣陶早期的经典散文，构思精巧，内蕴深厚，充分显示了作者的文学功底及丰富的人生阅历。

（散文卷三）

一个少年的笔记

收录了叶圣陶在建国之后创作的散文作品，涉及内容广泛，风格恬淡，有对自身经历的回顾，也有多姿多彩的随想。

（小说卷一）

小铜匠

收录叶圣陶早期创作的经典短篇小说。其中多是对孩子和母爱的赞颂，通过人物的对话和对自然的美好书写，让读者自己体会到这些关于爱和自由的理想。

（小说卷二）

潘先生在难中

收录了叶圣陶二三十年代创作的经典短篇小说。作者善于捕捉时代特征下人物心理和性格，塑造出一个个“城市小资产阶级”和利己主义者的经典形象。

（小说卷三）

友　谊

收录了叶圣陶的经典小说作品，意蕴深厚，构思精巧，深刻反映了当时的社会现实，充满了对人民大众的同情与怜悯。

（随笔例话卷）

假如我有一个弟弟

这是一本凝结了叶圣陶一生关于写作和教育方面的智慧和经验的书。如何写作，如何读书，如何教育，听叶圣陶老人为我们娓娓道来。